新特産シリーズ

キンカン

完熟大玉果の栽培と加工・販売

河瀬憲次=著

農文協

まえがき

風邪を予防する果実の代名詞キンカンは、経済栽培のほか、家庭果樹としてももっともなじみのある果樹の一つである。

健康食志向の高まりのなか、繊維質の多い皮までまるかじりできる唯一のカンキツとして、健康機能性と手軽さの両面で注目を集めはじめている。

経済栽培は露地栽培、早期出荷型ハウス栽培、完熟出荷型ハウス栽培と作型の広がりがみられ、とくにハウス栽培が普及してからは高品質で安定した生産技術が進んだ。生食可能な完熟果によってキンカンは消費者に見直され、店頭でも古くて新しい果物として注目を浴びるようになった。生産農家による手づくりの加工品販売も地産地消の波に乗って盛んになりつつある。

いっぽう、家庭果樹としては庭園に植えられたり、鉢植えにされたりして親しまれ、苗木は植木市には欠かせない商材となって賑わいをみせている。

キンカンは、前年枝に花がつくミカンとはちがい、その年の春に伸びた枝へ花がつく。花が落ちても同じところへまた花がつき、これを三～四回くり返す。そしてどの芽にも果実がつく可能性があるため、初心者にもつくりやすい。ただし、経済栽培では一番花や二番花をちゃんと着果させ、大玉の果実をつくらなければ収益はあがらない。そこに栽培のポイントがあり、また、腕の見せどころでもある。

本書は、マイナーな果樹ゆえに研究や技術開発のための環境がそろっているとはいいがたく、成果もまだまだ少ないなか、できるかぎりの情報をまとめ、執筆したものである。キンカン生産農家をはじめ、キンカンに関心のあるかたがたにご活用いただき、キンカンが果樹農業の一環として大きく発展する契機、あるいは家庭果樹栽培の道しるべにでもなれば幸いである。

執筆にあたっては、宮崎大学・國武久登博士、鹿児島女子短期大学・橋永文男博士、名城大学・中尾義則博士、独立行政法人　農業・食品産業技術総合研究機構　果樹研究所カンキツ研究興津拠点・小川一紀博士、宮崎県農政水産部農産園芸課・伊藤俊明氏、同県総合農業試験場亜熱帯支場・吉倉幸博氏、同県南那珂農業改良普及センター・松田儀四郎氏、同県食品開発センター・長友絵美氏、ならびに鹿児島県果樹試験場・東明弘氏、宮崎県経済連・川畑友和氏、同県JAはまゆう・古屋修市氏、鹿児島県経済連・西村直氏をはじめ、関係諸氏からのご高説を仰いだほか、著作や研究成果を引用させていただいた。ここに厚くお礼を申し上げる。また農文協編集部にはたいへんお世話になった。ここに謝意を表したい。

二〇〇七年一月

河瀬憲次

目次

第3章　キンカンの導入と栽培のポイント

第4章 キンカン栽培の実際

第5章 施設栽培の管理のポイント

第6章　病害虫防除と生理障害対策

第1章 小さなひと粒に大きな力
――キンカンの魅力

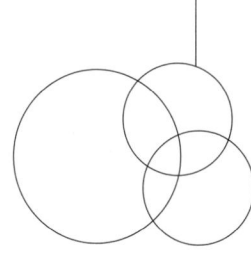

1 つくりやすさナンバーワンの果樹

(1) 初心者や高齢者でもつくりやすい

春と秋に開かれる植木市のなかで、関東以南の地域でよく目につく苗木の一つに黄金色に実をつけたキンカンがある。カンキツ類のなかでは寒さや病害虫に強く、あまり手を入れなくても実をつけるため、古くから庭木として親しまれてきた（14ページ図1―1）。

キンカンは地植えでも鉢植えでもあまり土を選ばず、肥料を適当に施せばよく育つ。鉢植えでは用

図1―1　古くから親しまれてきたキンカン

土を乾かさず、数年ごとに一まわり大きめの鉢に植替えれば枯れることは滅多にない。

キンカンは四季咲き性で豊産なため、早くからよく結果する。また、低木性で成木に達しても二～二・五mのため、狭い庭でも地植えで楽しめる。栽培適地は日当たりがよく、土層の深いところで、実が成熟するまで霜の降りない場所であればよい。

植木市でみられる実成りキンカンの多くは、接ぎ木後二年生のものである。定植後も毎年結実しながら樹は太る。この習性はせん定など特別な手入れをしなくても維持されるため、初心者でも取っつきやすいし、樹がコンパクトなため婦女子や高齢者にも育てられる特徴がある。

もっとも本格的な経済栽培となれば、高品質果実を安定多収しなければならず、それなりに高度な栽培技術を要することは言うまでもない。奥の深い果樹である。

(2) 手を入れるほど樹も果実もよく育つ

キンカンは春伸びた新梢につく一つの芽から三～四回も花が咲く習性があり、早く咲いた花が着果したら、以後その芽（腋芽）から花は咲かない。四回目の花がたくさん咲くことは、早い花の実止まりが悪かったことを表わしている。一般に早く着果した果実ほどよく育つ。また、鈴成りにならせると小玉果になる。大玉果の比率を高めるには早く咲く一番花もしくは二番花の果実を多くつけ、樹勢をみて多すぎるときには果実が小指大になる九月の上旬に、新梢一〇cmに一果（露地栽培）の目安で徹底した摘果をし、かん水を続ける（図1—2）。

樹勢をよくするには肥沃な土で育てることであり、やせた土であれば堆肥、有機質肥料をベースに、十一月上旬から発芽期前までを中心に与え、追肥は新梢を充実させ、よい一番花を咲かせるために、新芽が動き出し

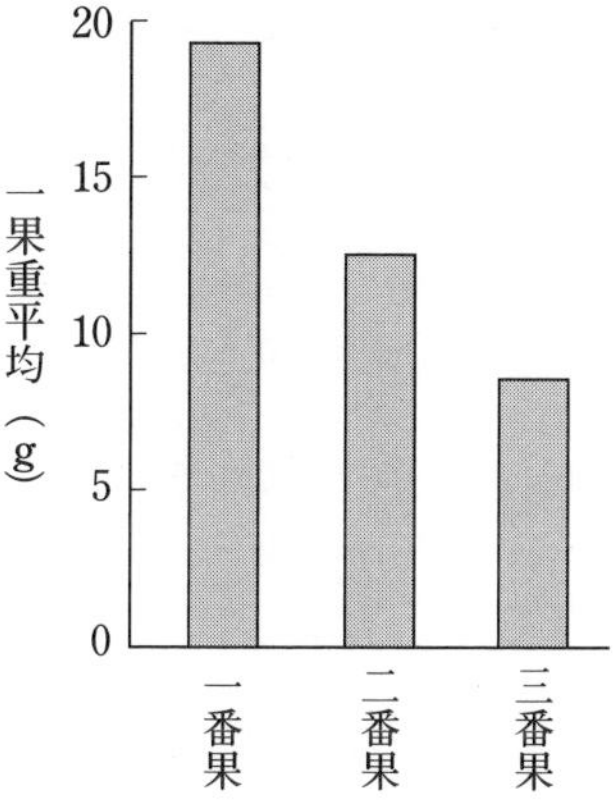

図1—2　開花期別の果実重量

（波多野）

とくに露地栽培では一番花を着果させ大玉果をねらいたい。12月11日調査。満開は一番果は7月5日ころ，二番果は7月20日ころ，三番果は7月30日ころ

表1—1　カンキツ1年生実生の枝葉の耐寒性　(河瀬ら)

種　類	枯死葉率（%）			枯枝率（%）			耐寒性
	無処理	－6℃	－8℃	無処理	－6℃	－8℃	
ユズ	24.3	100.0	100.0	0	3.7	6.3	A
キンカン	3.1	8.7	61.4	0	0.0	18.3	B
ウンシュウミカン	7.9	17.3	92.4	0	0.1	19.0	C
ナツミカン	1.7	58.4	98.8	0	0.6	64.2	C
ポンカン	7.3	71.2	96.3	0	6.0	38.0	C
バレンシアオレンジ	7.2	96.6	100.0	0	26.4	64.1	D
レモン	6.8	88.6	100.0	0	33.4	92.7	D

注）低温実験装置により，所定温度3時間遭遇，その前後は1時間2℃の昇降速度

$$枯枝率＝\frac{枝幹の枯込みの長さ}{枝幹長}\times 100$$

たら速効性肥料を与え、着果しはじめた八月早々にも同様な玉肥を施用する。

有機栽培を志向するなら休眠期の土つくりに努め、追肥はかん水で水溶性のアミノ酸、核酸エキスとともに与えるとよい。

植付けた年は全摘果して枝を繁茂させ、肥培管理に努めることがその後の育ちによい結果をもたらす。そのほか、草を取ったり、敷草をしたり、枝に支柱を立てたりと、目立たない作業の蓄積でキンカンを喜ばせてやると、それ相応のお返しがあるものである。

(3)　樹は寒さに強いが、果実は弱い

カンキツ類の樹体の耐寒性は表1—1に示したが、キンカンはユズに次いで強い。

しかし、果実の成熟期間内に降霜に見舞われ

ると、茹だったように果皮がいたみ、生食にも調理にも向かなくなる。とくに遅咲きで着色遅れの果実は弱い。

この霜害を懸念して早どりしていたキンカンを、われわれはふつうのキンカンと思い込んでいた。早期出荷型栽培（温室キンカン）と完熟出荷型栽培（完熟キンカン）などハウス栽培はこの霜害対策として生まれたもので、キンカンの本当のおいしさを教えてくれたのである。

2　医食同源を地でいくキンカン

(1)　風邪に効く果実の代名詞

「金柑のど飴」「きんかん湯」「きんかんくずゆ」などキンカンを用いた商品が年中市販されているが、われわれはのどに効くとか、からだが温まりそうな印象をもち、風邪によいと連想してしまう（18ページ図1―3）。実は漢方薬として古くから用いられているのだ。中国の『中薬大辞典』（一九七七、上海人民出版社）の金橘（キンカン）の項には、果実の薬用成分としてフォルチュネリンというフラボノイドが含まれ、またビタミンCが多く、その八〇％は果皮にあるとし、薬効として「痰を化す（鎮咳）」などのほか、「気を理《ととの》える」「うつを解く」「酒を醒ます」などの効能があるとしている。

図1―3　キンカンの名のついた食品は多い

　また、果実のほか、根、葉、タネも薬用にされるとある。

　近年わが国でも、果物や野菜の医学的な機能性が農・薬・医の学者たちの共同研究で解明されはじめているが、マイナーなキンカンにはまだ本腰が入れられていない。詳しくは後述するが、キンカンはまるごと食べるので、黄色い果皮にはカロテノイド（ビタミンA、クリプトキサンチンなど）が含まれ、カンキツ類の仲間だからビタミンCも含まれていることなどは容易に想像がつく。いずれ優れた機能性が見出されたときには、キンカンの商品としての付加価値が上昇するにちがいない。

(2)　繊維質が多い皮もまるごと食べられる

　カンキツ類のなかで皮（有色層のフラベド、白色綿状組織層のアルベド）と果肉（じょう嚢＝袋、砂じょう＝果汁を含むつぶ）など、タネだけは除くものの果実がまるごと食べられる種類はキンカンしかない。

皮の組織、果肉の袋など歯ごたえのある組織の多くは食物繊維である。食物繊維には「飲む繊維（水溶性）」と「噛む繊維（不溶性）」とがあり、体内での生理作用を異にする。

表1―2　キンカンの栄養成分（可食部100g当たり）

栄養成分	含有量
エネルギー（kcal）	71
水分（g）	80.8
たんぱく質（g）	0.5
脂質（g）	0.7
炭水化物（g）	17.5
食物繊維　水溶性（g）	2.3
不溶性（g）	2.3
無機質　カリウム（mg）	180
カルシウム（mg）	80
鉄（mg）	0.3
ビタミン　A　βカロテン（μg）	28
クリプトキサンチン（μg）	200
E　トコフェノール（mg）	2.6
B_1（mg）	0.1
B_2（mg）	0.06
葉酸（μg）	20
C（mg）	49
廃棄率（%）	6

『五訂増補　日本食品標準成分表』文部科学省科学技術・学術審議会資源調査分科会報告書より抜粋

水溶性の食物繊維（ペクチンなど）は血糖値上昇を抑制する効果や高脂血症を予防する効果などが知られており、不溶性の食物繊維（セルロースなど）は便秘や痔疾の予防、軽減に役立ち、大腸ガンの予防効果があるといわれる。キンカンには水溶性、不溶性が同量ずつ含まれている（表1―2）。

大人一日に必要とされる食物繊維の摂取量は二〇g前後を理想とするが、近年は一二～一三gに落ち込んだといわれている。一〇〇g中四・六gという高い食物繊維をもつキンカンは一度にそう食べられるものではないが、補助食品として生食あるいは加工調理品を口にすることで、少しでも生活習慣病などを予防して長寿につなげたいものである。

(3) 加工し、年間通して販売できる

従来、市販されているキンカン関連の商品の多くは、主産地以外の食品会社が製造している。

近年、宮崎、鹿児島の主産県では地域特産品としてキンカン生産農家の手によって、加工・調理された多くの製品が販売され、産地の活性化に一役かっている。加工や調理には凍結貯蔵したものでも使えるため、周年新鮮な食品として出まわっている。

販路もいろいろあり、JA直販所や個人・有志グループの直売所、道の駅などで売られている。またインターネット産直をしている農家もあり、地方発送もしている。このようにして年間を通して販売することで、顧客の定着・増加につながっている。

加工し周年販売することは、農家らしさを貫く新しい企業的感覚が継続・発展の成否を分けることになるものと思われる。

第2章 キンカンの特徴と品種

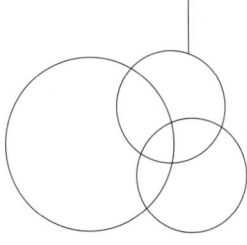

1 江戸時代、中国の難破船により伝えられた

カンキツ類発祥の地はインド・アッサム周辺地域とされてきたが、近年の調査では中国雲南地方も加えられる動きがある。とくにキンカンは中国中南部に原生分布がみられ、中国生まれといってよい。すでに宋の時代（九六〇～一二七九年）には栽培されていたという。

わが国の古書をたどると『庭訓往来《ていきん》』（僧玄恵により南北朝時代から室町時代に書かれたとされる）に記述があり、それはマルキンカンだと考えられている。

その後、ナガキンカンも導入されたが、現在では江戸時代末期の文政年間に伝わったニンポウキンカンが経済栽培されているキンカンのほとんどを占めている。わが国でキンカンといえば多くの場合本種を指している。

「静岡県庵原安倍両郡柑橘調査書」（一九〇一年）によると、「寧《にんぽう》波金柑は文政壬子年（正しくは文政九丙戌正月（一八二六年）＝外務省編〈外交志稿〉ほかによる）、中国寧波商船が遠州灘航海の際、暴風雨に遭遇して船体に破損を生じ、清水港内に修理のため繋留す。この時、折戸村名主柴田権左衛門なる者、同船に需要品を送る。ある日船員より金柑数個を貰い受け、その核（タネ）を播く。数年を経て顆を結ぶに至る。（中略）これ寧波金柑の起縁なり。」とある。

日中友好の逸話でもあり、船が難破したがゆえに期せずしてニンポウキンカンはわが国に伝わったといえよう。ちなみに本種は、当時中国浙江省近辺につくられていた金弾（長安金柑）の珠心胚実生と考えられる。

2　もっとも小さいカンキツ

(1)　ミカン科キンカン属

カンキツ類とは植物分類学上、ミカン亜科に属する植物群を指すが、果樹園芸学上、ミカン（カン

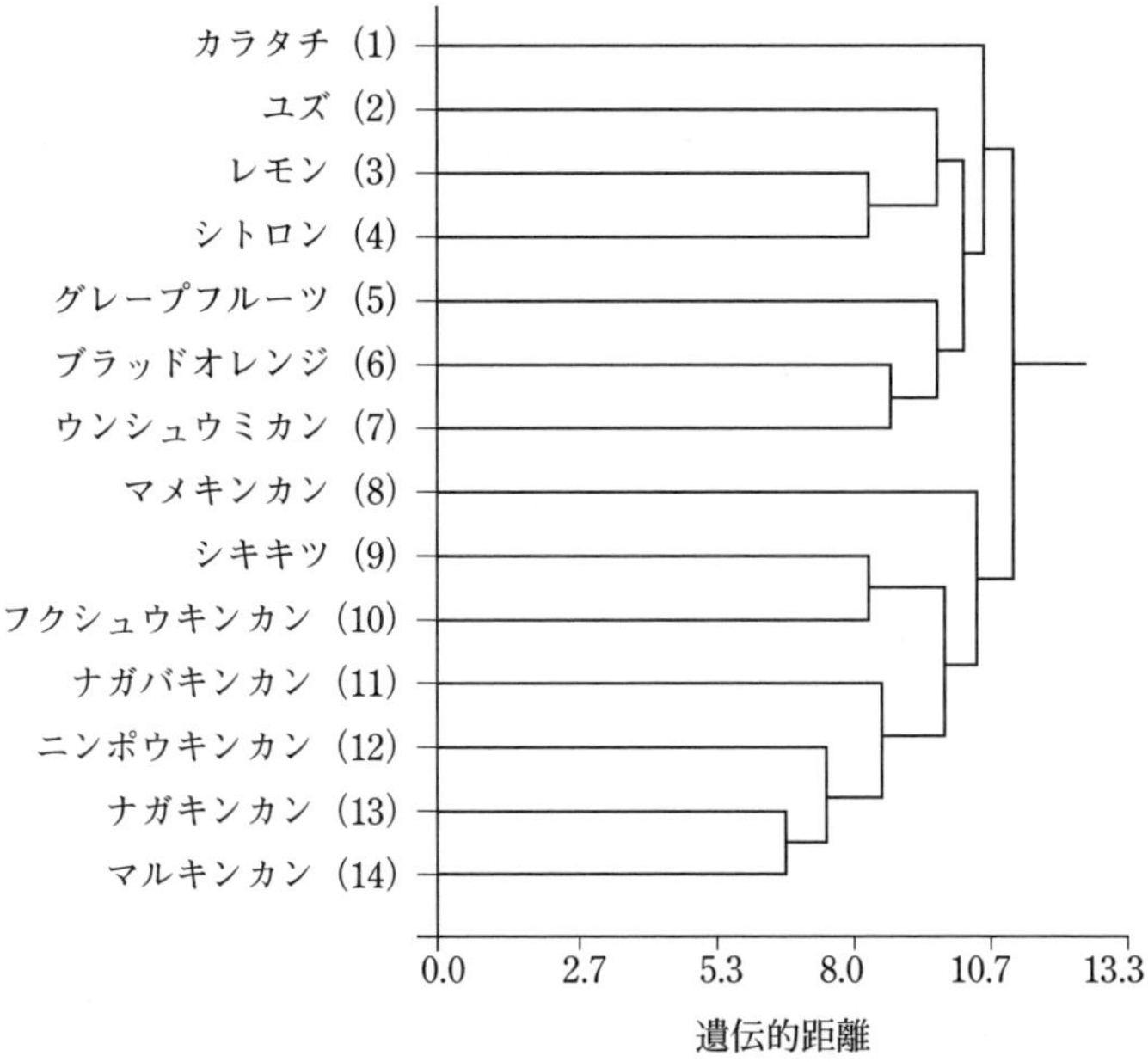

図2—1　カンキツ類のDNAマーカーによる系統分類（東ら，2000）

キツ）（*Citrus*）属、キンカン（*Fortunella*）属にカラタチ（*Poncirus*）属を加えてカンキツ類と総称している。属として分類するのに異論もあるが、近年めざましい発展をとげている生化学的、分子生物学的手法を用いたカンキツ三属の系統分類の解析結果をみると、遺伝的距離からも三つのグループに分類され、やや果実の大きいシキキツとフクシュウキンカンは、キンカン属とカンキツ属の雑種であることが明らかにされた（図2—1、次ページ図2—2）。

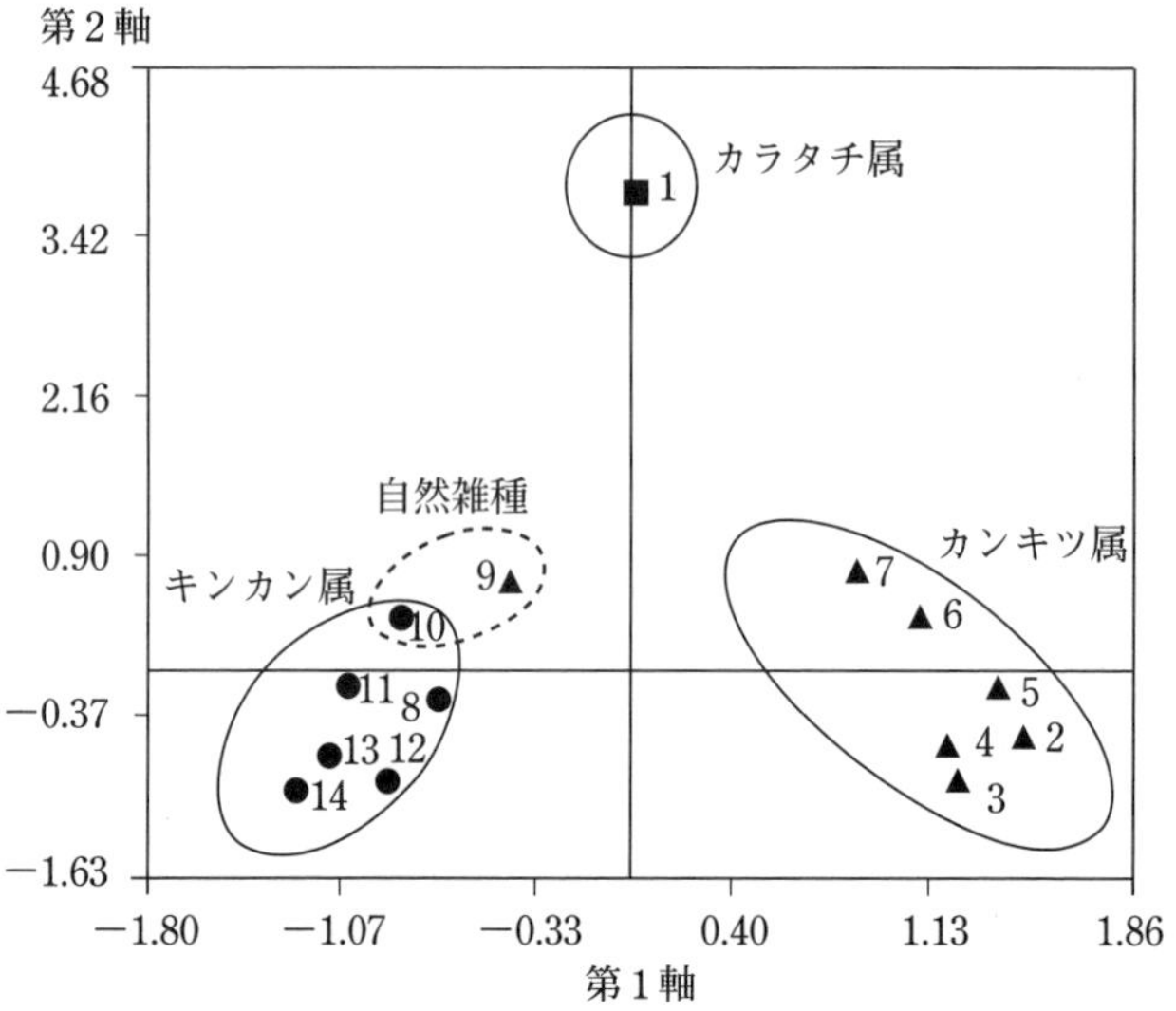

図2−2　数量化理論第Ⅲ類によるキンカン属，カンキツ属およびカラタチ属植物の分類　（東ら，2000）

数値は図2—1参照，現在は9▲もカンキツ属とされている

(2) 小さいものは直径一cm ——マメキンカン

カンキツ類の果実の形や大きさはいろいろあるが、キンカン属の果実は総じて小果である。そのなかでも最小といわれているのがマメキンカンで、江戸時代には中国から渡来している。樹自体も小さく樹高も一m内外で、果実は直径一cm、重さ一g内外。果肉は酸が高くタネばかりだが、濃橙色で可憐なため古くから盆栽として楽しまれている。

いっぽう、カンキツ類のなかには一個の果実で四五五〇gにもなるバンペイユ（晩白柚）がある。マメキンカンはバンペイユのヘタよりも小さく、くらべものにならない。

3　カンキツと異なる生理の特徴

(1)　発芽、展葉、開花、結実――生育のあらましと各部の特徴

キンカンはほかのカンキツ類より発芽、展葉が遅く、発芽には二五～三〇日の差がある（26ページ図2―3）。四月下旬から発芽した新梢（春枝）の伸長が停止してから展葉し、葉色が緑化したころ、春枝の葉腋に花をつける。新梢は夏も伸びて、花はこの夏枝にもつく。ときには蕾をもった秋枝が伸びることもある（29ページ図2―8）。これらは生長期の気象条件、とくに気温の影響をうけやすい。発芽盛期から開花盛期にいたるまで五五～六〇日を要し、最低気温が一八℃に上昇すると出蕾がはじまる。

キンカンは四季咲きの性質をもっているが、夏の花が一番多く結実もしやすい。夏の開花は六月末ころから始まるが、開花期は不連続で約一〇日おきに数回咲く。栽培的にはもっとも早い時期に咲いた花を一番花、次を二番花、その次を三番花と呼び、ハウス栽培では五番花まで咲くことがある。それぞれの開花と結実は気温、着花（果）量の多少、樹体栄養、花器の充実度や受粉・受精などの条件

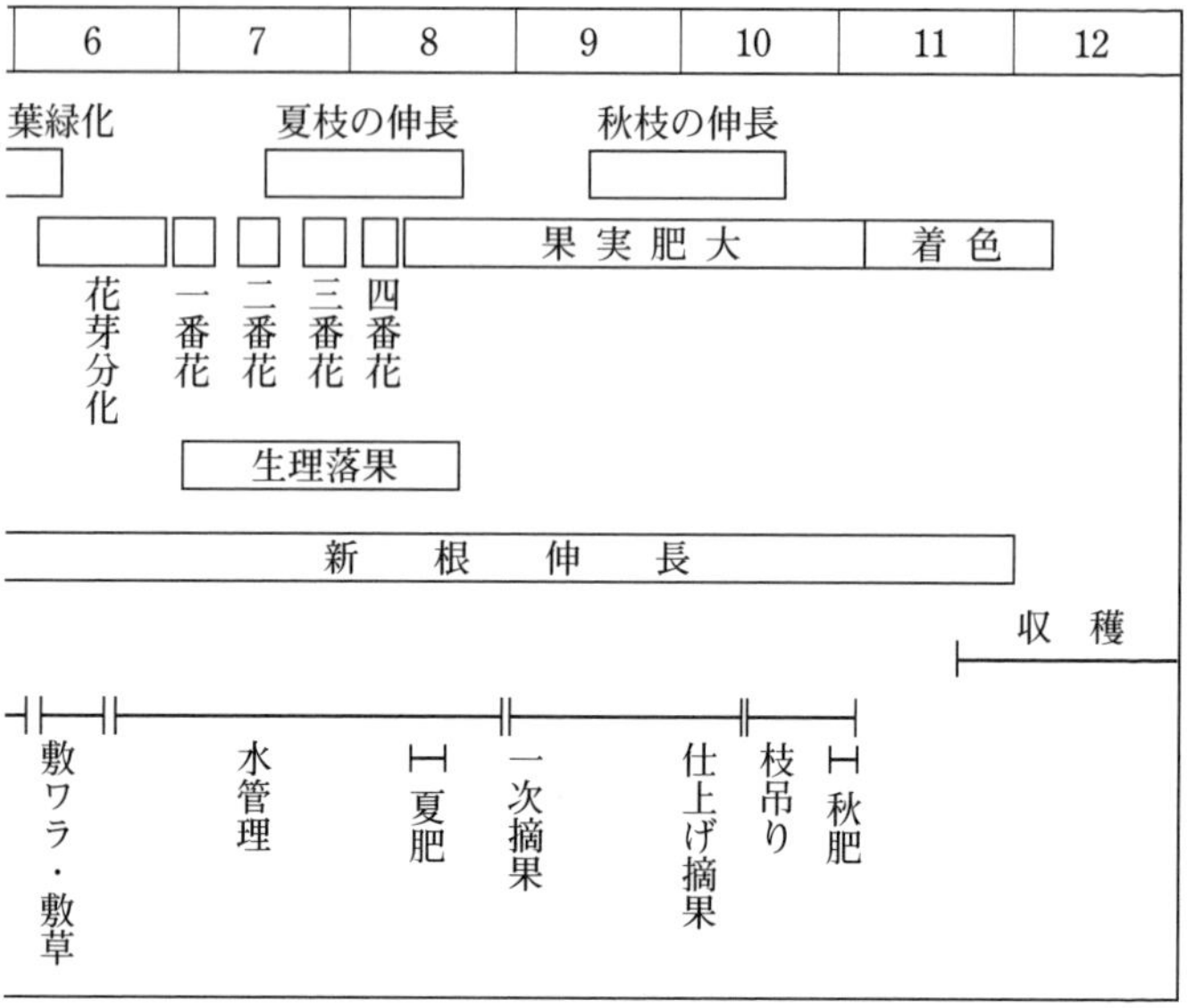

キンカンの生育と栽培のあらまし

に左右されやすいが、次々に花が咲いて不足を補うので、最終的には着果数が保たれる性質がある。

(2)　花のつき方、実の止まり方

①その年伸びた枝に次々と花がつく

カンキツ類のなかでカラタチ属は春に開花し、カンキツ属はゴールデンウィーク前後に開花するが、キンカンはおもに七月を中心に開花する。またカンキツ属では花芽分化から開花にいたる期間が一〇〇～一二〇日であるのに対し、キンカンは三〇日前後（注）と非常に短い。この相違は、カンキツ属は前年枝が結果母枝であるのに対し、キンカン属は28～33ページの写真でわ

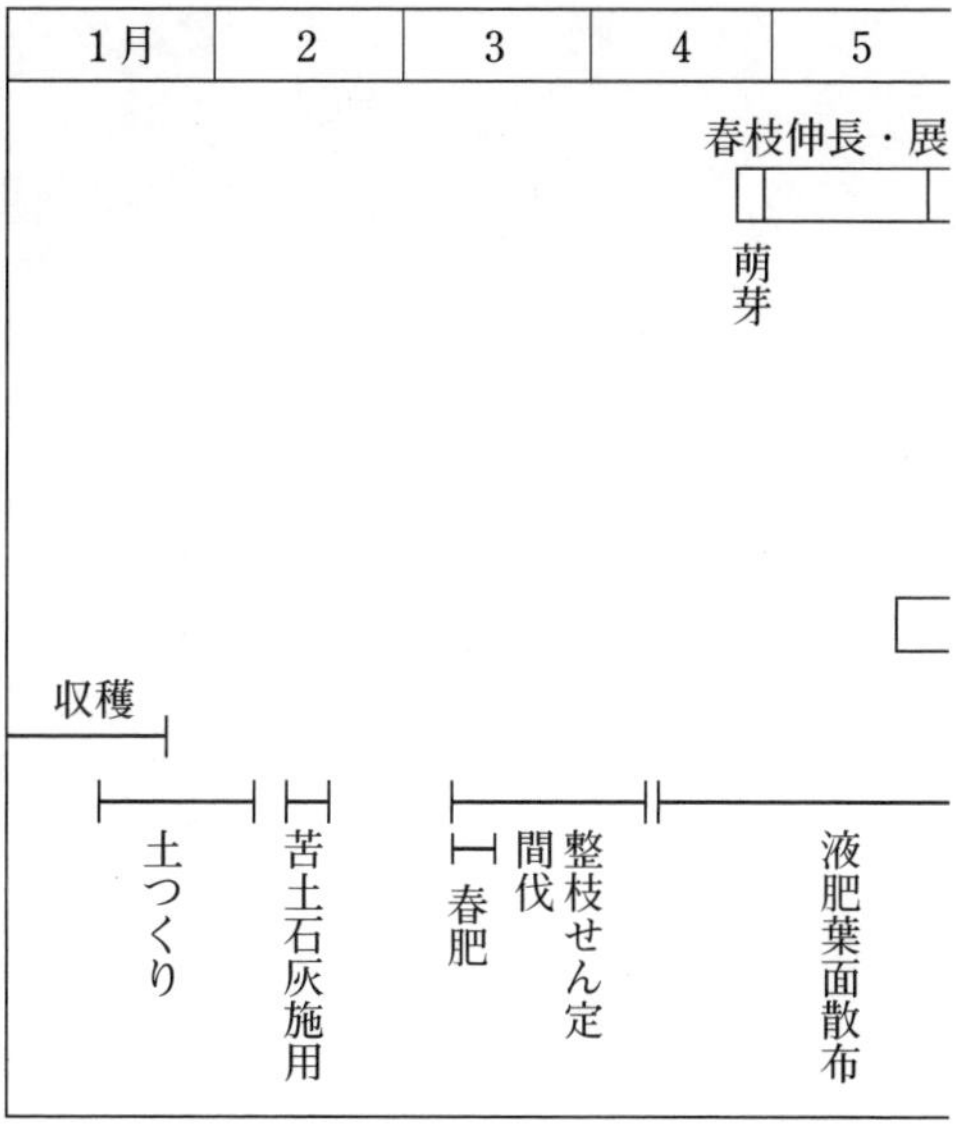

図2－3　露地

かるように、当年の新梢が結果母枝になることにある。この三〇日間しかない短さからくる着花の不安定を補うために、特有な四季咲き性、つまり同じ腋芽から何回も出蕾・開花させたり、また、花梗部、花梗基部などにも側芽を形成し、出蕾・開花を待機させたりする仕組みが生まれたのかもしれない。

キンカンの花芽分化については多くの謎が含まれており、今後の研究が待たれる。

なお、経済栽培的に観察すると、自然条件下において、七月五日前後に一番花、七月中旬に二番花、七月下旬に三番花、八月上旬に四番花が咲く。

（注）腋芽内花芽分化期は松原・遠山〈一九三九〉の調査によると宮崎で、六月中・下旬とある。

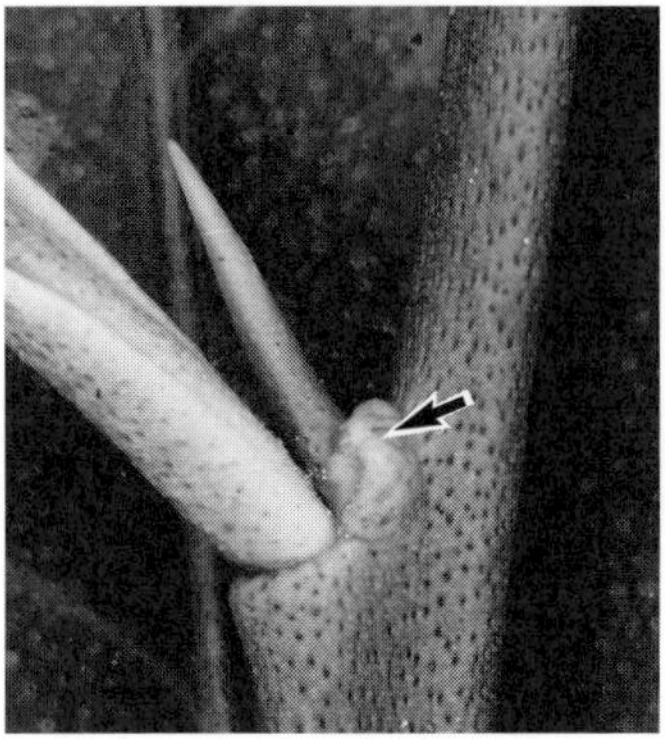

図2−6　今年の新梢についた花芽

この腋芽から出蕾開花する（矢印）

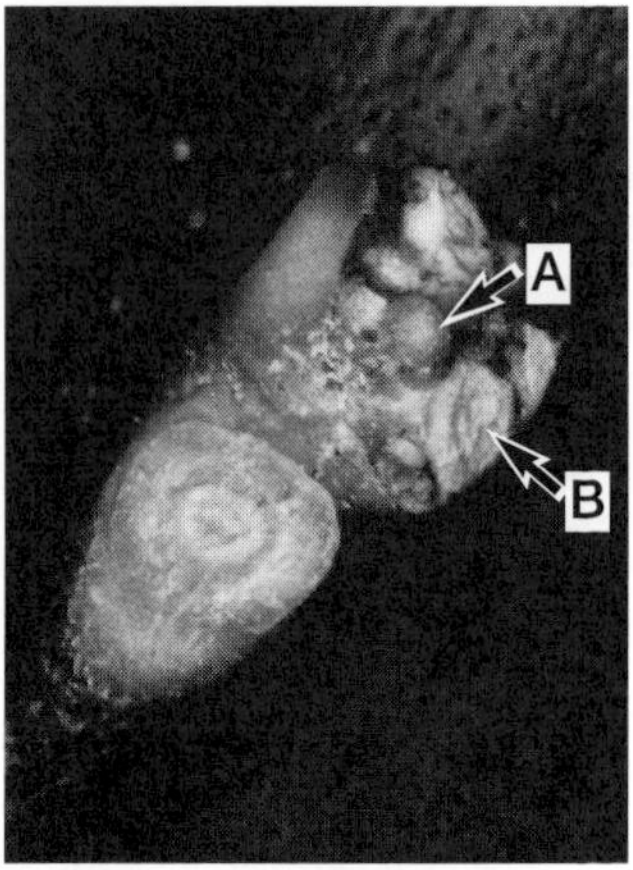

図2−4　前年枝の腋芽

Aの芽が今年の結果母枝になる

芽を取り囲んでいる4〜5個の断面が前年の着花痕（矢印B）

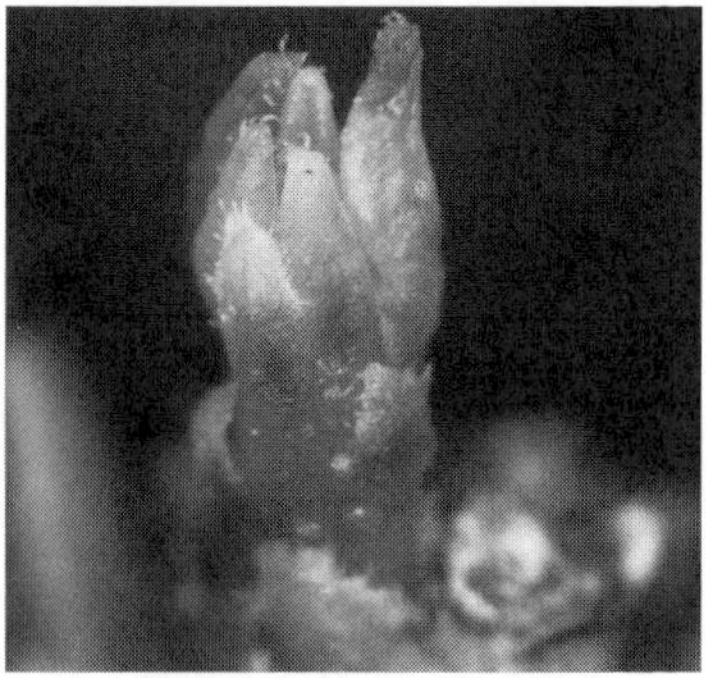

図2−5　新梢の発芽状態

図2—4のAが伸びた状態

②一番花（果）は落ちやすい

一般にキンカンの一番花の着花（果）は年や園地条件によってばらつきが大きく不安定である。大玉で着色がよい果実を早期に出荷すると高単価が期待できるため、一番花の生理落果防止策の確立が望まれている。

一番花の落ちやすい原因には、花器の充実不足と

図2—8　秋枝についた蕾

新梢は結果枝でなく結果母枝の性質をもつことを実証している秋枝伸長中の出蕾

図2—7　一番花の開花と二番花の出蕾

すでに出蕾（矢印）しているが一番花が結実したら黄変し落下する

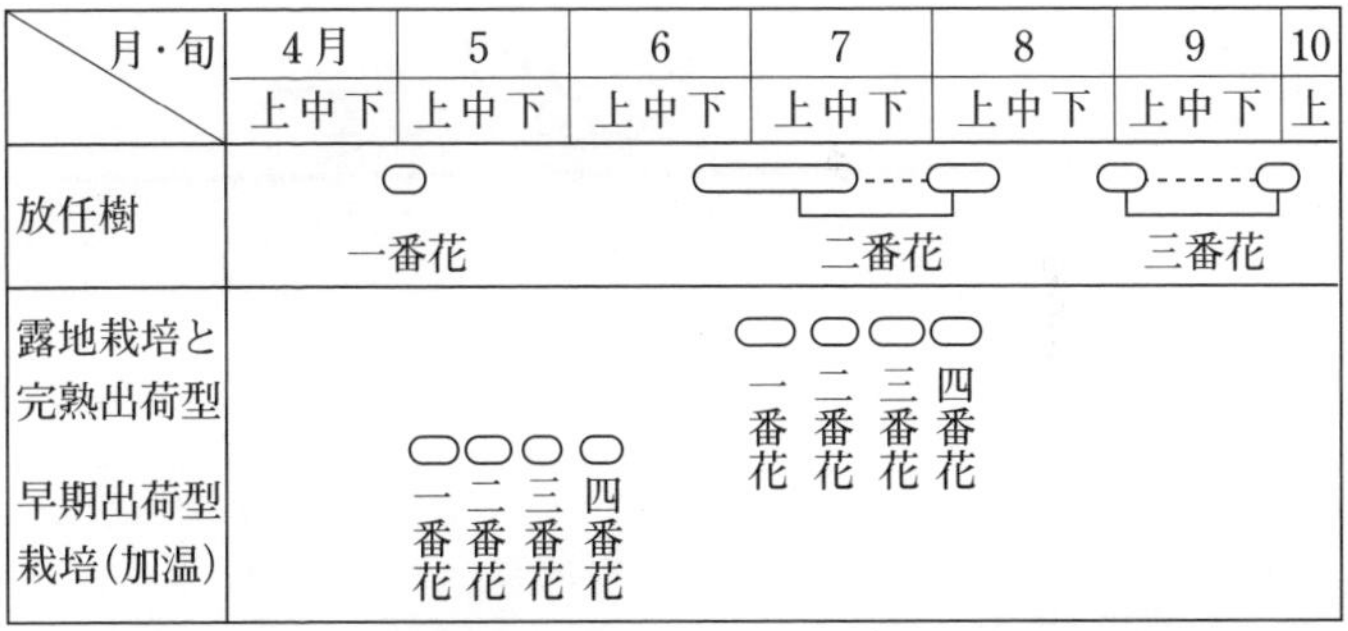

図2—9　南部九州におけるニンポウキンカンの開花期

注）キンカンの開花期の一般的記載は放任樹での観察。経済栽培では約10日おきに咲く。これを一番花～四番花と呼ぶ。完熟出荷型栽培（ビニール被覆は10月～収穫期）の開花期は露地栽培と大差はない。早期出荷型栽培は2月中旬加温の例

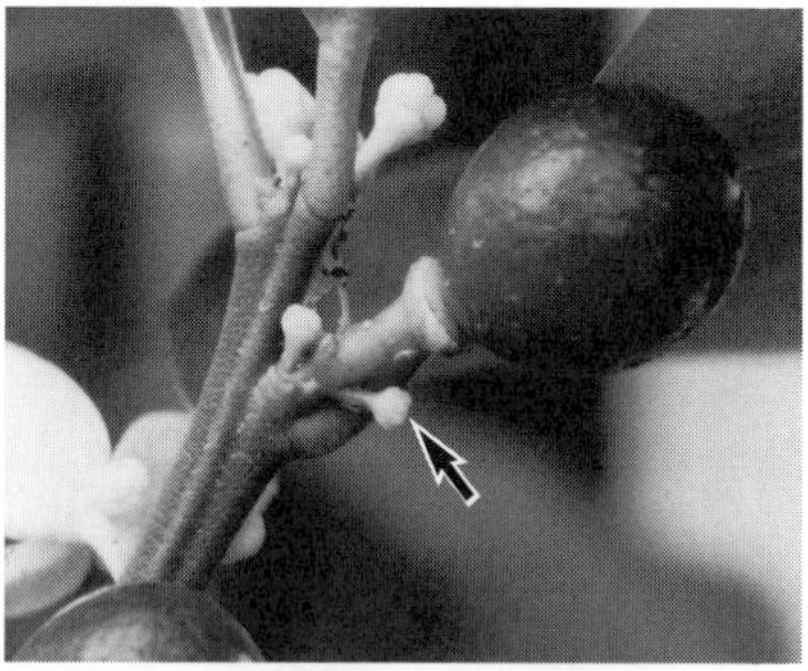

図2―10　果梗部からの出蕾（矢印）
果梗の先に着果すれば黄変落蕾する

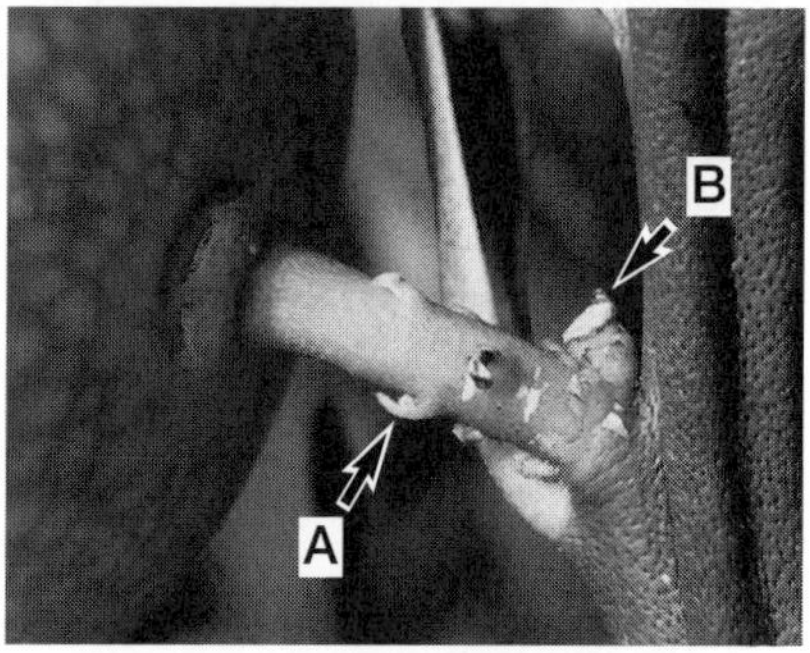

図2―11　果梗にできた小葉と芽
果梗に退化中の小葉と芽（蕾）（矢印A）があり，果梗が枝の機能を維持している。図2―4と同様，新梢は結果母枝になる。矢印Bは，一番花の落下痕

開花期前後の温度条件が悪かったことが考えられる。開花期間中の最適温度は、花粉発芽率が落ちない最低二〇～最高三〇℃の範囲であることが明らかにされている（32ページ表2―1）。

また、別の研究によると、春枝の伸長停止以降開花までの二週間ほどの気温が着花量を左右し、二五～三〇℃の高温が理想的であること（32ページ表2―2）や、夜温も二五℃に保つことができれば一番花の着果が促進され、大玉果の割合も増加することが明らかにされている。

自然条件下ではこの条件を満たすことがもっとも厳しいのが一番花の時期でもある。また、満開時

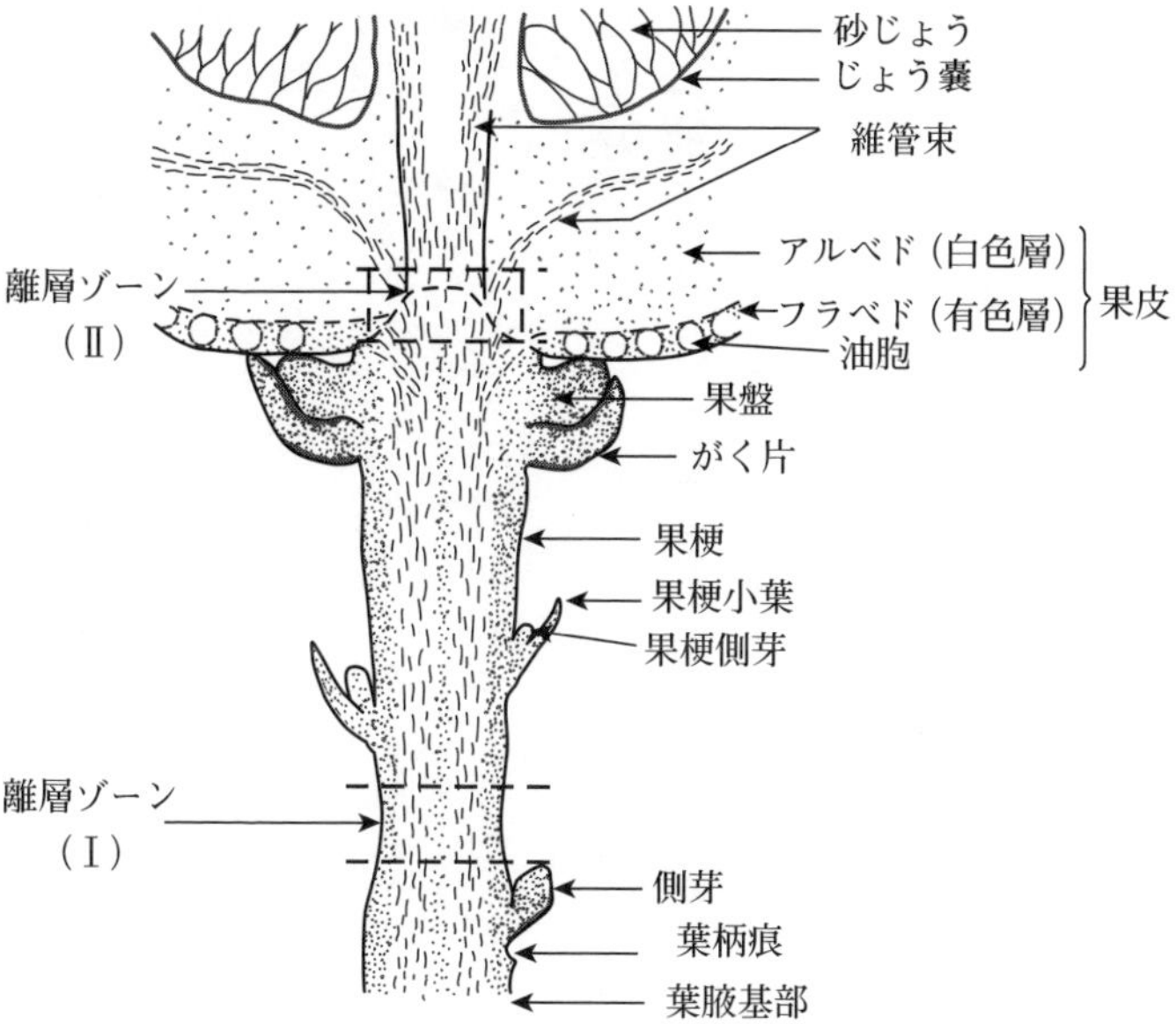

図2—12　キンカン果梗部の模式図

（河瀬・中尾、未発表）

花のときは離層ゾーン（Ⅰ）で離れて落花し，幼果以降は離層ゾーン（Ⅱ）で離れて落果する。この二つの離層のあいだにも小葉と芽がつき，この芽も出蕾する。このこともキンカンがその年伸びた枝に着花することを示している

の降雨も着果率を低下させる。これらから、落花の数を少なくするためにはハウス栽培をするほうがよい。実用的には昼温三〇℃以下で夜温が一八℃以上を目標に管理するようすすめられている。しかし、燃料高騰の折から露地栽培での一番花の着花（果）を促すために、植物生長調整剤利用など別の視点からも考える必

要があろう。

③実が止まらないと三度でも四度でも花が咲く

基本的には一番花が多いと二番花が少なくなって、三番花が多くなる性質がある。しかし、一番花は気象条件などによって少なくなる場合がよくある。そのときは二番花がすこぶる多くなり、二番果中心の着果となる。こうしたことが可能なのは、さきにも述べたように、新梢伸長完了後の花芽分化から開花

表2−1　キンカンの花粉発芽と温度　（下郡ら）

温　度	24h（%）	72h（%）
8～10℃	0	43.0
20～22℃	64.0	65.0
25～27℃	55.8	57.6
29～30℃	42.8	59.2
38～40℃	0	0.4
室内常温（26～32℃）	62.2	63.8

注）各処理温度で24時間経過後（24h）とその後2昼夜常温（72h）

表2−2　高夜温管理が開花結実および品質に及ぼす影響

（鹿児島果試研報1より抜粋）

試験区（夜温—昼温）	一番花開花日（月／日）	結果母枝当たり 着花数	結果母枝当たり 結果数	無結果母枝割合（%）	収量（kg）	2L以上果実割合（%）
高夜温区（25℃—30℃）	5/4	16.7	4.4	3	10.7	40.8
慣行区（20℃—30℃）	5/11	8.3	2.3	32	7.5	19.1

試験区（夜温—昼温）	糖（Brix）	クエン酸（%）	着色歩合
高夜温区（25℃—30℃）	15.0	0.26	9.7
慣行区（20℃—30℃）	15.1	0.31	9.3

注）3月29日加温（20～30℃）開始，新梢伸長完了後（4月19日）から一番花（5月4日）まで，夜温は加温機の，昼温は換気扇の設定温度

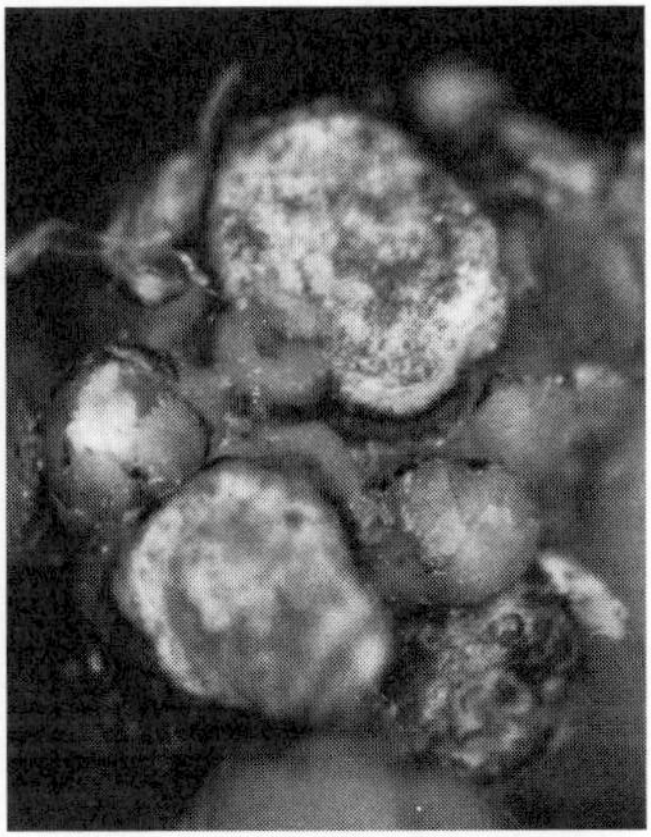

図2―13　前年に結実せず落蕾・落花した3個の離層面を残した腋芽部位

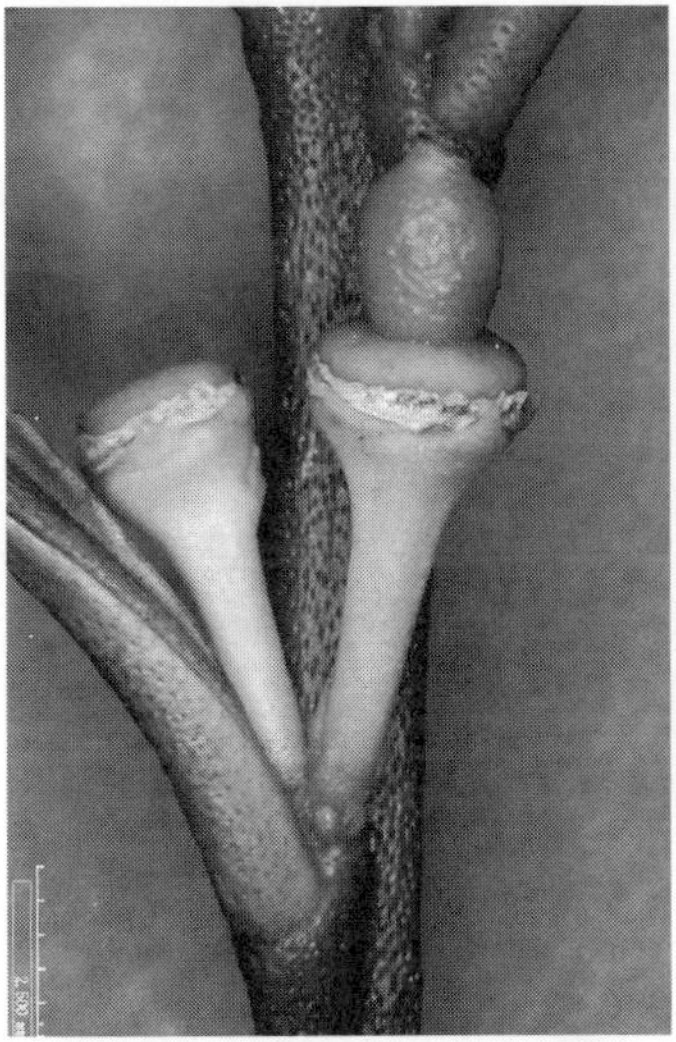

図2―14　着果した幼果と落果のあと

幼果になって落果すると果梗部が残り，落花すると花梗基部から脱落する

までの期間が非常に短いことにある。さいわい同じ腋芽から幾度となく出蕾・開花する結果習性をそなえているため、蕾や花の充実度とか開花時の不良環境で落雷・落花しても、次に待機している花芽が発達し、三度でも四度でも花を咲かせることができるのである。もっとも、露地栽培では開花が早いほど成熟期が早く、果実の品質はよい傾向にある。

なかには、三度や四度咲いても落花してしまう腋芽もある。しかしその腋芽を萌芽前に拡大して見ると、花落ちの断面がいくつもあり、それらの隙間から新梢となる芽が今年こそと構えているようにみえ、キンカンの結実に対する執念が感じられる（図2―13）。

④遅い花ほど小玉傾向

着果が不良だと九月になっても花は咲く。キンカンの場合、同一樹内に一番花、二番花、三番花の果実が混在していることは珍しいことではない。開花の早晩の差は一カ月以上に達することもあるため、(不ぞろいになりやすい。したがって、経済栽培では一番花だけを収穫の対象にするのが理想であるが、現状では二番花を含めなければ生産安定にはつながらないといわれている。しかし、遅咲きの果実ほど太りがわるいため、生理落果終了と同時に摘果し、均質化をはかる。

(3) 大玉はどうしてできる——玉肥大の生理

キンカンは小さいことが特徴ではあるが、生食用に出荷するとなると2L（横径三・三cm以上）の大玉が好まれる。キンカン栽培の努力目標の一つが大玉生産である。

果実を大きく育てるには、まず充実した結果母枝を育てなければならない。そのためには樹体の栄養（貯蔵養分）が豊かであり、せん定によって健全な結果母枝が確保されていることが前提条件になる。さらに春枝が均一に伸び早期に緑化すれば、子房（花）の細胞分裂を促すことにつながり、大玉にする態勢づくりに役立つ。

キンカンは亜熱帯植物であり温度要求度が高い。とくに果実が大玉になりやすい一番花を着果に導くには、春枝伸長停止以降、結実に至る期間の気温を二五〜三〇℃とすることが理想とされる。また、生理落果は各器官との養水分の競合と不受精などによって引きおこされる。そこで開花期前後には液肥の葉面散布をくり返したり、また、開花時は晴れている日に、はたき状の道具で花を軽くはたいて自家受粉を促し含核数を増やしたりすることで結実性は向上し、果実肥大に効果的である（図2—15）。

生理落果終了後ダイズ大に達したら果実の生育段階は細胞分裂期から細胞肥大、液胞期へと進むので、速効性肥料の施用とかん水に努め、九月の声を聞いたら一斉摘果を行なう。枝葉の状態にもよるが、八〜一〇cmの長さに一果つける程度に結果調節して、遅咲き果や小果などを除くことも大玉つくりに欠かせない。

図2—15　キンカンの含核数と大きさ
タネが多いほど実が大きくなる傾向がある
（左：13.6g，右：30.4g）

(4)　果実の糖・酸の組成

①糖・酸のバランスで食味が決まる

カンキツ類は甘酸っぱさが特徴の一つであり、生食用ではとくに甘味や酸味の成分が何であるか、またこの成分の割合で甘味や酸味が微妙にちがう。

キンカンについて、九州東海大（現・宮崎大学）の國武教授らのグループによる研究結果は36、37ページ図2—16、図2—17に示すとおりである。キンカンはほかのカンキツ類と

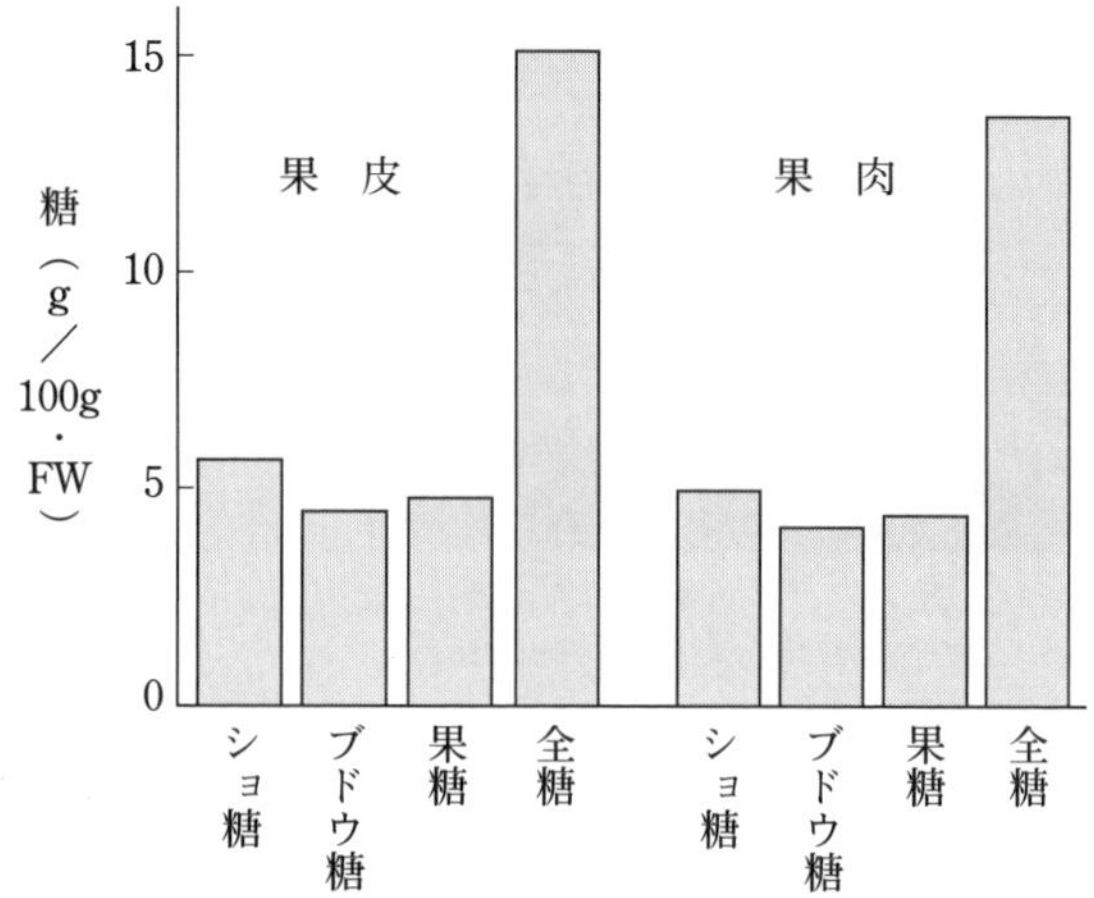

図2―16　ニンポウキンカンの果皮・果肉別の糖組成

（國武ら）

（露地栽培・鹿児島県産・1月末収穫分析）

異なり果皮がまるごと食べられる。この果皮の糖・酸も興味あるところであるが、果皮はリンゴやナシの果肉部と発生学的に同一であることを、果肉の酸組成のちがいでもうなずくことができる。

②甘味と苦味の相関

露地キンカンが着色したころ、果実を噛むと、まず、精油成分と苦味成分の刺激が口に伝わり、子どもは耐えられず吐き出すことすらある。鹿児島大学（現・鹿児島女子短期大学）の橋永教授はこの苦味成分と糖分について経時的に研究され、発ガン抑制の機能性成分である苦味成分のリモノイドは成熟が増すにつれ減少していくことを確かめた（図２―18）。つまり食べやすくなれば機能性成分は減

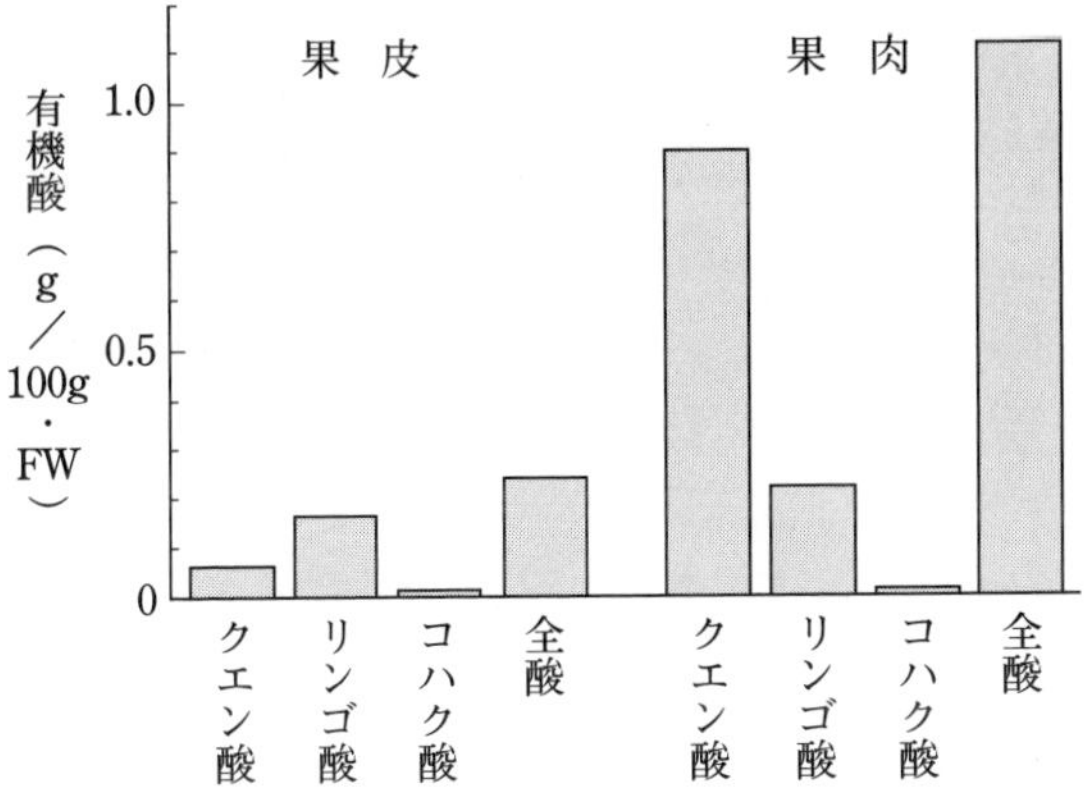

図2−17　ニンポウキンカンの果皮・果肉別の酸組成

（國武ら）

（露地栽培・鹿児島県産・1月末収穫分析）

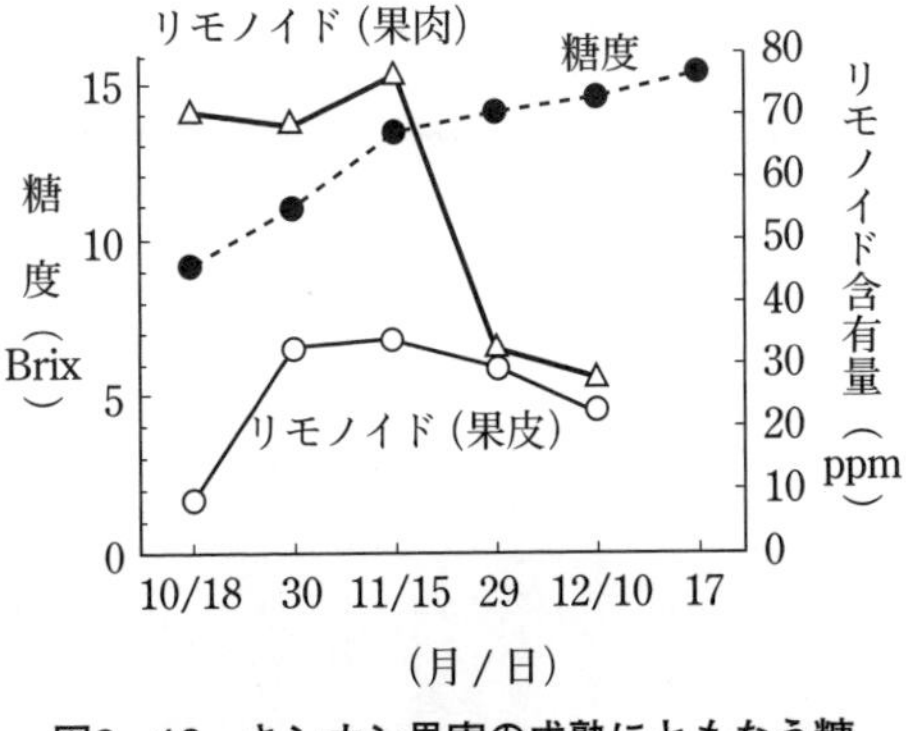

図2−18　キンカン果実の成熟にともなう糖とリモノイド含量　　（橋永）

リモノイドは苦味成分だが，発ガン抑制物質。完熟すると苦味が減り食べやすくなる

る。しかし食べる量が増えれば相殺されるという見方もできるから、うまいキンカンづくりに励むことを期待したい。

4　キンカンの品種

(1)　おいしい品種が増えてきている

キンカンは放任樹でもよく結実することから、江戸時代以前から散在的につくられ、近年は経済栽培と家庭果樹に大別できるかたちで普及している。古くはマルキンカンとナガキンカンを主体につくられていたようだが、とくに食味に関係する果肉部の酸が高いものは敬遠されるようになった（図2―19、40ページ図2―20）。近年広く栽培されているのはニンポウキンカンただ一種類のみで、わが国でキンカンといえば本種を指しているといっても間違いなかった。

ニンポウキンカンの独壇場が長く続いていたが、二〇〇二年にキンカンとしては初めて生粋の日本生まれの新品種が登録された。後述するように甘味が強く、酸味がきわめて低い「こん太」と、三倍体でタネが一～二粒と少ない「ぷちまる」の二品種である。産地での評価が待たれるところである。

また、最近品種登録されたキンカンとして、着色の早い早生系「ゆみちゃんのほっぺ」があり、そのほかニンポウキンカンの大玉系が選抜されており、おいしい品種が続々とデビューする動きがみられる。次いで二〇〇六年に周縁キメラ四倍体の大果系で紅がきれいで、おいしい「勇紅《ゆうべに》」が品種登録

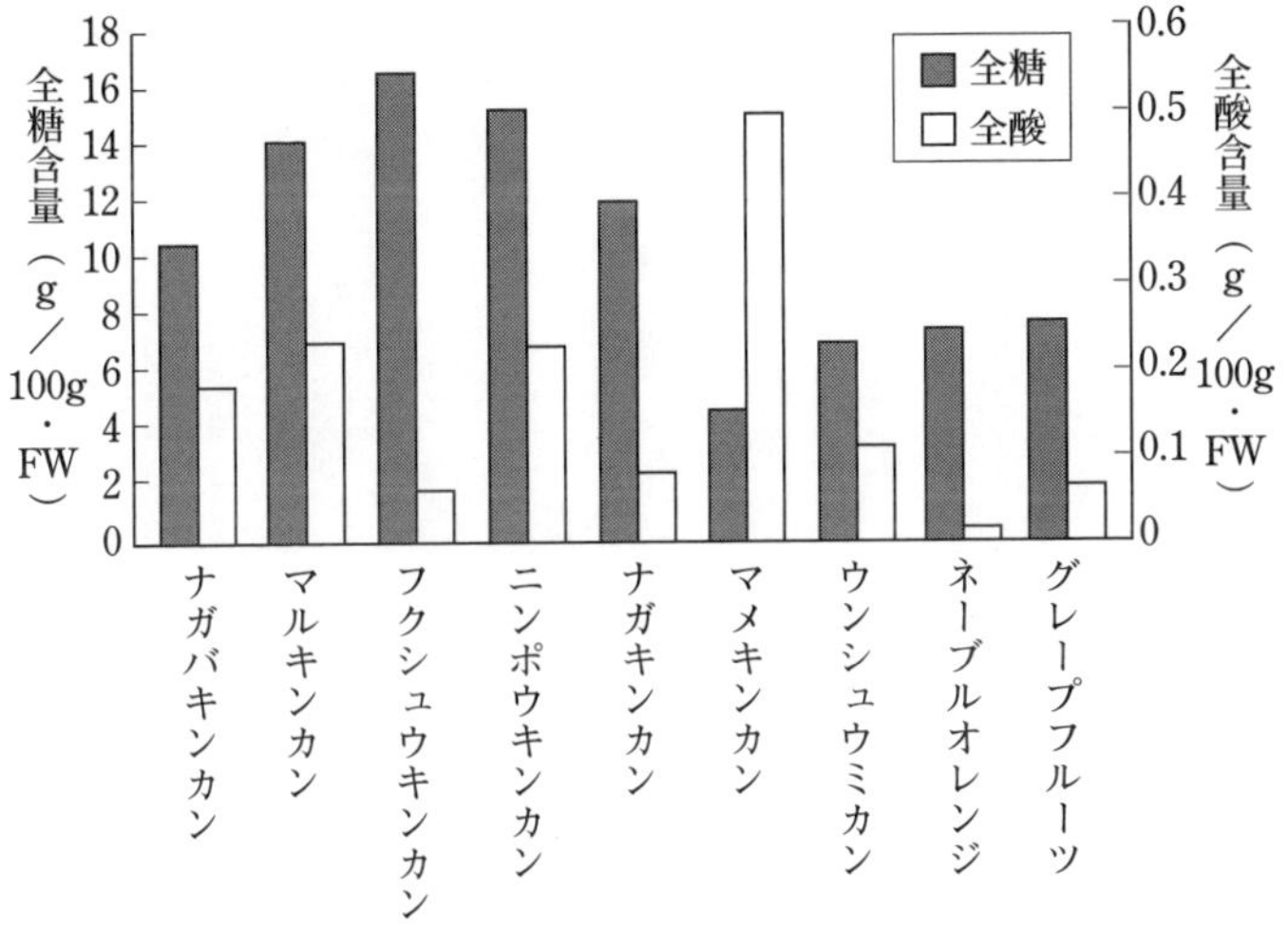

図2—19　キンカン属植物およびおもなカンキツ属植物の果皮における全糖および全酸含量　（國武・井口ら）

された。

(2)　代表種、ニンポウキンカン（寧波金柑）

〔学名：*Fortunella crassifolia* Swingle
異名：ネイハキンカン、メイワキンカン、
中国名は金弾、長安金柑など〕

中国長江流域浙江省の原産で、わが国への渡来は一八二六（文政九）年である。江戸時代に中国浙江省寧波の船が遠州灘で難破し、清水港に寄港した際、世話をした柴田権左衛門が金柑を貰い、そのタネを播いたのが始まりと伝えられている。ニンポウの名は寧波の中国語読みで、日本語読みだとネイハキンカンとなる。欧米ではMeiwa kumquatと呼んでいる

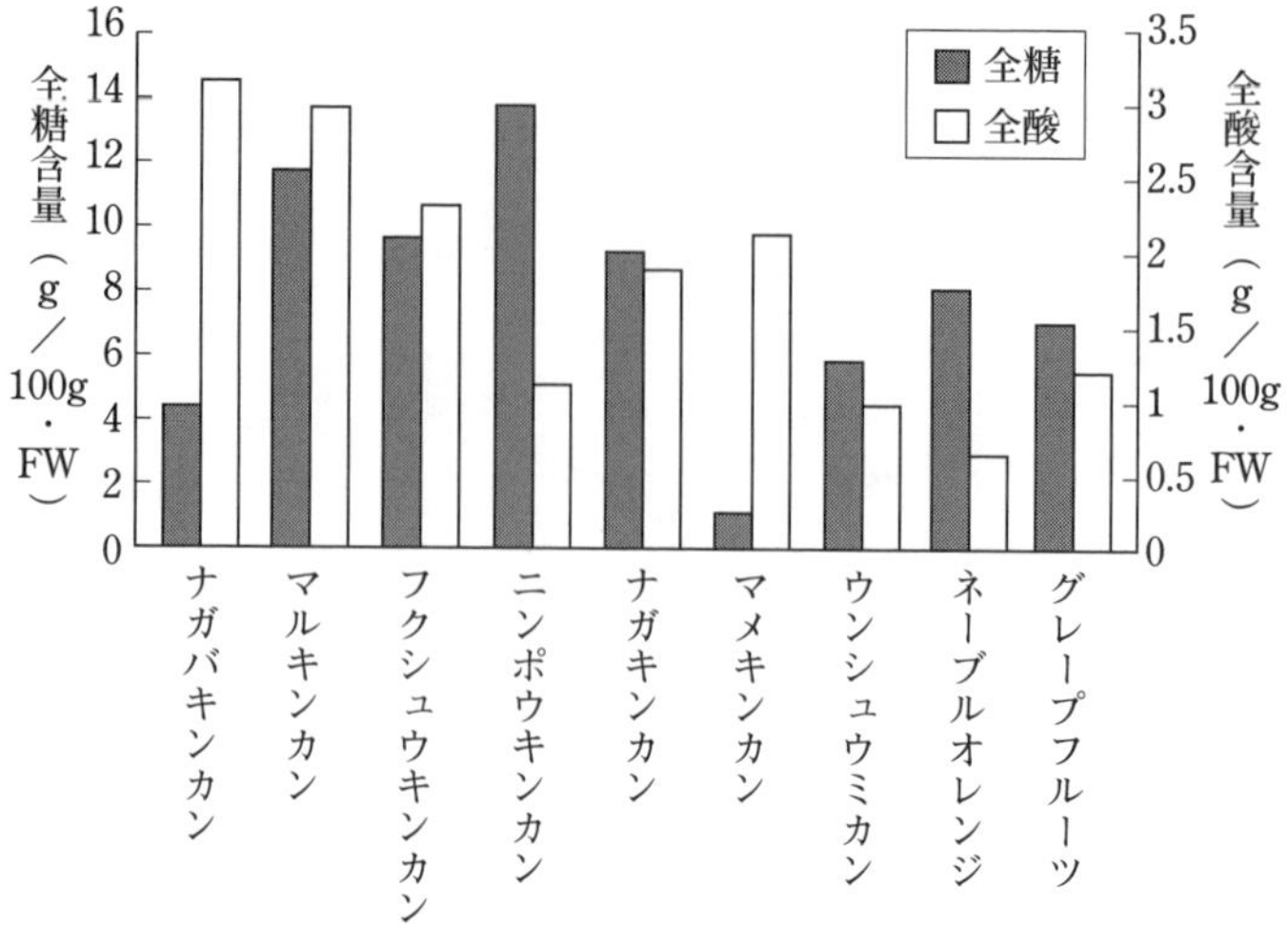

図2―20　キンカン属植物およびおもなカンキツ属植物の果肉における全糖および全酸含量　（國武・井口ら）

図2―21　ニンポウキンカン
現在，キンカンといえばニンポウキンカンを指す代表的品種

（図2―21）。

ちなみに、ニンポウキンカンは種名であり、品種名ではないが、品種分化が少ないため、品種のように扱われており、本書でも品種扱いを踏襲させていただく。なお、

本書では、品種名には「 」をつけて、種名の場合は「 」は付さず、片かなで書いている。

果実の大きさは露地ものは一二g内外であるが、施設栽培で肥培管理を周到に行なうと二〇～三〇gになる。果形は豊円な短卵形で、果皮は黄橙色を呈し果面平滑で油胞は密、厚さは四～五mmで柔軟緻密である。

果皮の風味は良好で、完熟果では糖度が一三～二〇度にも達する。果肉部は六～七個の子室に分かれ、果汁中の酸は比較的少なく完熟果で一%前後である。従来の品種中、品質はもっとも優れている。タネは五～六粒で、胚は緑色の多胚性。熟期は十二～三月である。

本種の同質四倍体を筆者が一九七一（昭和四十六）年に選抜育成した。この四倍体品種は「ぷちまる」の花粉親に用いられたが、品質もよく栽培性を検討中である。

(3) 注目の新品種

①タネが少ない「ぷちまる」

「ぷちまる」は農林水産省果樹試験場興津支場（現・独立行政法人 農業・食品産業技術総合研究機構 果樹研究所カンキツ研究興津拠点）で一九八七（昭和六十二）年に単胚性で二倍体のナガキンカンに筆者育成の四倍体ニンポウキンカンを交配して育成された三倍体の交雑種である（42ページ図2―22）。一九九二年に無核の優良個体として選抜、「カンキツ興津四九号」として第七回系統適応性・特

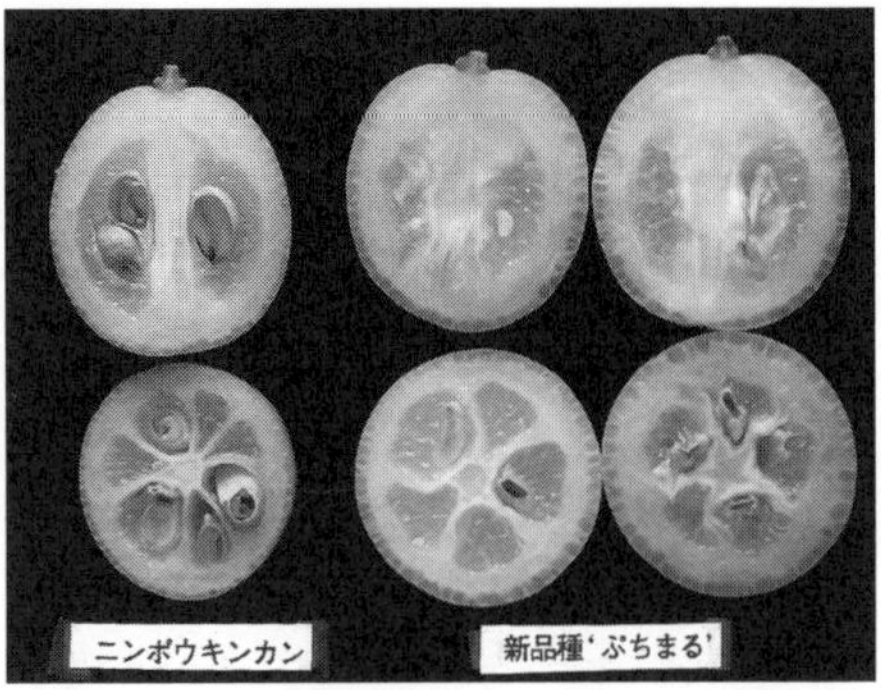

図2−22　三倍体品種「ぷちまる」の果実

性検定に供試された。その結果、タネがきわめて少なく、暖地では果実肥大がよく、食味が良好であることが認められ、一九九九（平成十一）年に「ぷちまる」と命名、「きんかん農林一号」として農林登録し、二〇〇二（平成十四）年に品種登録された。

樹勢はやや強く、徒長枝には太いとげを生じるが、細い枝には短いとげが少しみられる程度で、樹勢が落ちつけば発生しなくなる。

花はほかのキンカンと同様に七〜八月にかけて、一〇日くらいの間隔で三〜四回順次咲く。結実性はよいとの報告もあるが、若木時代とか樹勢が強い園地では不安定になる傾向がある。おそらく実生年代が浅いためと考えられる。

果実はニンポウキンカンと同様、露地栽培では一二g内外、施設栽培だと二〇g以上に達する。果面の油胞はやや大きく目立つが、その分布密度は粗い。一番果の着色は十一月から始まり一月に完全着色する。果皮の甘味は強く、酸味が少ないため、まるごと食べる味はニンポウキンカンより良好。タネは平均〇・三粒程度で、しいながー〜二粒あるが果皮と同じ硬さであるから食べたときに気づかれにくい。まれに入るタネは単胚性である。味がよく食べやすいのが「ぷちまる」の特徴であるが、加工・利用面でもこの長所は生かされるであろう。

②果皮がトマト肌のような「こん太」

「こん太」は静岡市清水区の近藤恭史氏が一九九〇（平成二）年にニンポウキンカンの枝変わりとして発見した。二〇〇二（平成十四）年に外観や食味の特徴が認められ品種登録された。

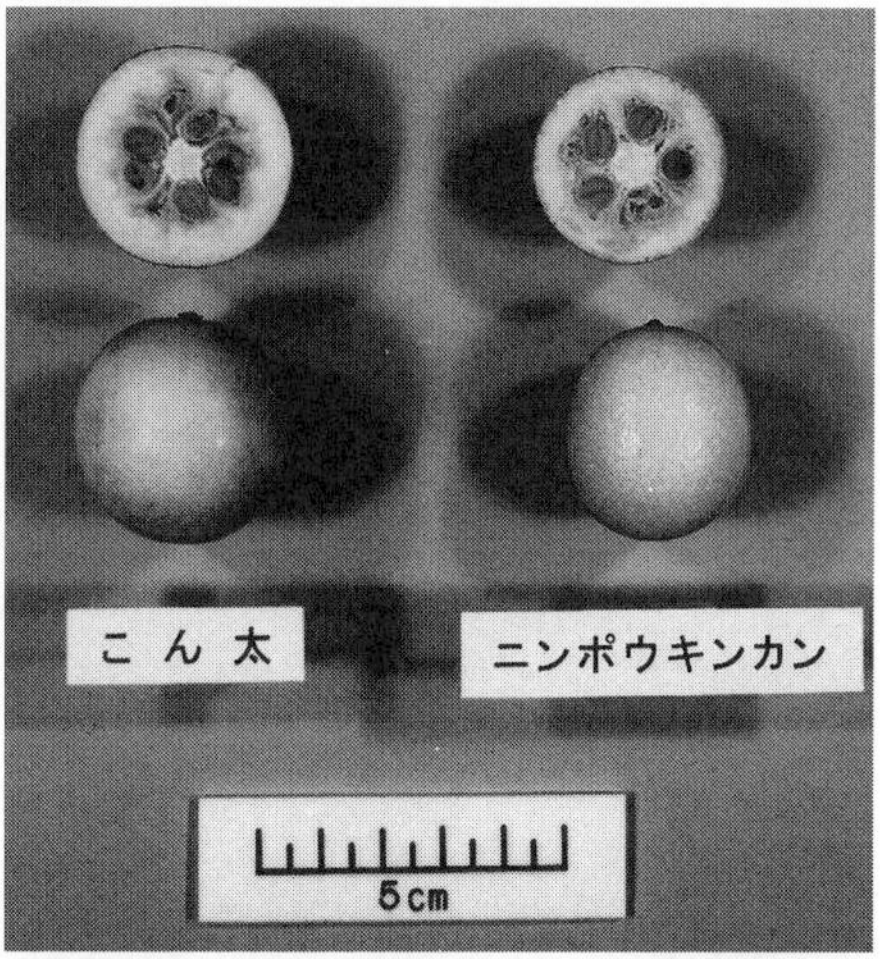

図2―23 果皮が滑らかな「こん太」の果実 （澤野原図）

樹勢はやや強い。幼木時にはとげが少し発生し、夏枝の伸長も良好。「こん太」はニンポウキンカンよりも一番花の割合が高く、また、一番花の結実性にも優れるといった特徴がある。

果実の大きさはニンポウキンカンよりやや大きく、形状はやや扁平で球形に近い。果皮は非常に滑らかでトマト肌をしており、外観をひと目みるだけで「こん太」とわかる区別性を有している（図2―23）。果皮の内側のアルベド組織は軟らかいが、外皮はやや硬く

表2−3　「こん太」の果実形質　(澤野)

	平均果重 (g)	縦径 (mm)	横径 (mm)	果形指数	種子数（個 / 果）			糖度
					完全種子	しいな	合計	
こん太	21.5	33	31	99.1	7.3	2.9	10.2	18.4
ニンポウキンカン	15.3	31	29	93.8	5.9	2.0	7.9	16.6

	クエン酸 (%)	果皮の厚さ (mm)	油胞の密度 (個 /cm^2)	油胞の最大径 (mm)
こん太	0.11	7.6	85	0.71
ニンポウキンカン	0.72	4.9	100	1.33

2001（平成13）年2月調査

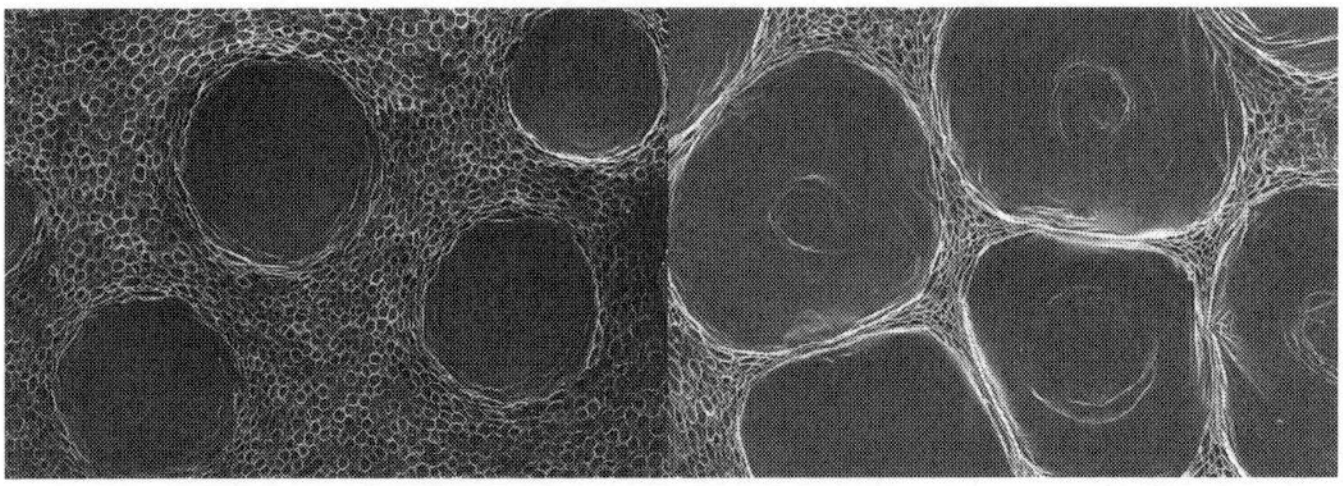

図2−24　果皮の油胞の比較（×40）　(澤野原図)
左：「こん太」, 右：ニンポウキンカン。丸くクレーター状に見えるのが油胞である。油胞が小さく，少ないほうが，肌のきれいなキンカンになる

感じる。着色期はやや遅く果皮色の紅は薄い。成熟期は育成地で一月下旬〜二月中旬。タネの数は多い傾向にあり、多胚性。糖度は高く、とくに酸味が感じられない低酸性の珍しい品種である（表2−3）。食味についてもう一つの特徴は、キンカン特有の苦味が少ない点である。この

表2−4　新品種「ゆみちゃんのほっぺ」の果実特性

（宮崎県南那珂農業改良普及センター）

品　種	月/日	一果平均重(g)	果径指数	着色 着色歩合	着色 カラーチャート	品質 糖	品質 クエン酸	品質 糖度比
ゆみちゃんのほっぺ	12/14	17.2	94	完全着色	7.0	11.8	3.04	3.9
	1/19	20.4	92	完全着色	7.6	13.5	2.57	5.3
ニンポウキンカン	12/14	15.2	94	5分着色	3.5	12.0	1.98	6.1
	1/19	20.2	92	完全着色	8.4	14.2	2.01	7.1

苦味の成分は、果皮の油胞に多く含まれているが、「こん太」の油胞は小さく、分布密度が低いため少ないものと考えられている（表2—3、図2—24）。

甘味が強く酸や苦味が少ないので生食用に向く品種であるほか、暖地の家庭果樹にも適している。

③三週間早く着色する「ゆみちゃんのほっぺ」

宮崎県串間市北方の古屋良子氏が一九九九（平成十一）年にニンポウキンカンの枝変わりとして発見し、二〇〇七（平成十九）年に品種登録された。

果皮の着色が三週間ほど早く、育成地では十一月中旬に完全着色する。成熟期はかなり早く十一月下旬～十二月という早生キンカンである。着色が早いこと以外の形質には大差がなく、着色が早い割には酸抜けが遅い傾向にある。年末の料理・加工用に向く。

果実肥大が良好なことから、大玉生産技術を駆使することによって早生種本来の特性が発揮でき、生食用としての有利性が期待できる（表2—4）。

表2—5　新品種「勇紅」の果実特性

（宮崎県南那珂農業改良普及センター）

品種	月/日	一果平均重(g)	果径指数	着色		品質		
				着色歩合	カラーチャート	糖	クエン酸	糖度比
勇紅（原木）	12/14	26.1	98	9分着色	4.0	16.2	1.94	8.4
	1/19	25.9	96	完全着色	8.5	16.4	1.44	11.4
勇紅（苗木）	1/19	28.0	94	完全着色	8.2	17.0	1.31	13.0
ニンポウキンカン	12/14	20.4	99	6分着色	6.0	13.0	1.76	7.4
	1/19	22.1	99	完全着色	7.1	14.9	1.31	11.4

図2—25　新品種「勇紅」の着果状況をみる育成者の金丸勇氏

④紅系で大玉になる「勇紅《ゆうべに》」

宮崎県串間市本城の金丸勇氏が一九九六（平成八）年にニンポウキンカンの一樹変異として発見し、二〇〇六（平成十八）年に品種登録された。

大玉系で葉肉が厚いことから、宮崎大学の國武教授らが倍数性を解析し、カンキツ類は生長点が三層にわかれており、外から第Ⅰ層、第Ⅱ層、第Ⅲ層となっている。その第Ⅰ層が二倍体、第Ⅱ層と第Ⅲ層が四倍体の倍数性周縁キメラであることを示唆している。枝は節間が短く、とげは多い。葉肉は厚く、果実は大玉で紅が濃く、糖度が高くタネが少ないなどの特徴があるが、若木時代はややもすると結実しにくい傾向があるので結実管理に注意する（表2―5、図2―25）。

(4)　そのほかの品種

①ナガキンカン（長金柑）

〔学名：*F. margarita* Swingle　異名：ナガミキンカン、中国名は金橘、金棗、羅浮など〕

ナガキンカンは中国浙江省の原産で、わが国には江戸時代に導入されたらしく、『和漢三才図絵』（一七一三）にキンカンの一種に〃果長きもの〃として記載されている。

樹勢はキンカンとしては強く、枝は細く、葉は長く大きく波状を呈し、とげは短く少ない。

果実は長楕円形で果梗部付近が果頂部より細い。大きさは一〇～一二g。果面は平滑で黄橙色。果皮の厚さは三mm内外でむ

図2―26　ナガキンカン

きにくく、甘味とやや苦味がある。果肉は酸味が強く、品質はあまりよくない。タネの数は五〜六粒で胚は緑色単胚（47ページ図2―26）。経済栽培はまったくみられないが、「ぷちまる」の母親として役に立っている。熟期は一月以降である。

②マルキンカン（丸金柑）

〔学名：*F. japonica* Swingle　異名：マルミキンカン、ヒメタチバナ、中国名は円金柑、金橘など〕

マルキンカンは中国長江中流域の原産で、わが国には江戸時代以前に伝わっていたようである。学名は一七四一（寛保六）年に *Citrus japonica* Thumberg とされていたものを一九一五（大正四）年スイングルの分類でキンカン属に区別されたため、属名が変えられたものであるが、種名・ヤポニカ（日本産）の命名者と日本との関係は不詳。

樹は半高木性、枝葉は密生し短いとげをもつが少ない。葉はナガキンカンより小さく、先端は丸みを帯びている。

果実は球形で小さく八g内外。果面は平滑で黄橙色。果皮は厚さ二mmと薄いが甘味はある。果肉は

図2―27　マルキンカン

酸味が強く品質はよくない。タネは四～五粒で胚は緑色多胚（図2―27）。経済栽培はされていないが、樹がコンパクトなので鉢植えや庭園樹に向いている。

③マメキンカン（豆金柑）

〔学名：*F. hindsii* Swingle　異名：キンズ、ヒメキンカン、中国名は山金柑、金豆など〕

マメキンカンは中国南部沿岸地域の原産で、わが国には江戸時代中期の一七八九～一八〇一年（寛政年間）年に伝わったといわれる。

樹は矮小で樹高一m内外。枝は細く短くやや密生し、とげが多い。結実がわるいと同一葉腋に何回も着花する習性はほかのキンカン同様である。

果実は直径一cm、重さ一g程度で、小形の球形または短楕円形。果皮は濃橙色で味は酸が強く、松脂臭があり生食には向かない。タネは二～三粒で緑色多胚（図2―28）。二倍体と四倍体のものがある。矮性で果実は小さいが成熟すると赤みが強く美しいので盆栽に適している。

図2―28　マメキンカン

④フクシュウキンカン（福州金柑）

〔学名：*F. obovata* Tanaka　異名：長寿金柑、中国名は長

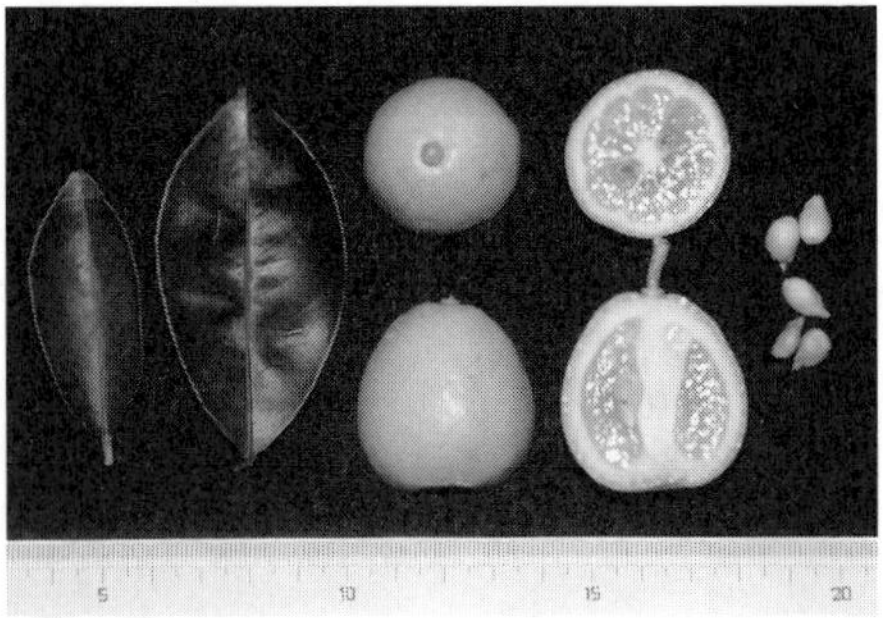

図2―29　フクシュウキンカン

寿橘、月月桔、寿星桔など〕

フクシュウキンカンは中国福建省の原産で、わが国には一九三一（昭和六）年に導入された。その後ながらくキンカンとミカン類の雑種の疑いがもたれており、東ら（二〇〇〇）は23、24ページ図2―1、図2―2のとおり分子生物学的手法でカンキツ類の系統分類を行ない、キンカン属とカンキツ属の自然雑種であることを示唆している。本書では従来どおりキンカン属として扱うこととした。

樹は半高木性で二m内外。ほかのキンカンとちがって葉に丸みを帯びている。枝は密生し、とげはなく、早期から結実し豊産性。

果実は三〇～四〇gと大きく、倒卵形で果頂部が浅く窪んでいる。果面は濃黄色で平滑、果皮は四～五mmで甘味に富む。ただし果肉の酸が強く、香りが少なく食味はよくない。完熟を待つと浮皮になりやすい。タネは五～一〇粒と多い。胚は緑が濃く多胚性（図2―29）。

生食には不向きであるが、糖果やマーマレードなどの加工には利用できる。

盆栽や庭園樹には好適。植木市で「大実キンカン」のラベルで売られていることがある。ふつうのニンポウキンカンの大玉系と混同しやすい。木成りの実がついていれば試食して確かめてみるとよい。

(5)　カンキツ属との雑種

①シキキツ（四季橘）

〔学名：*Citrus madurensis* Lour.　異名：トウキンカン（唐金柑）、カラモンジン、中国名は四季桔、月桔（月橘）、再生橘など〕

図2—30　シキキツの着果状態

シキキツはカンキツ属のミカン類とキンカン属との自然雑種とみなされているが、最近のＤＮＡ分析により、前述のフクシュウキンカンとともに、それを裏付けるデータが報じられている。

中国南部、東南アジアで栽培され、庭園などに多くみられる。学名はインドネシアのマドゥラ島産の意味。中国でも四季桔、月桔、再生橘などと、四季咲きで連続的に結実することにちなんで名づけられている。筆者が旧正月に台湾に行ったとき、レストランの入口に本種の大きな鉢植えが飾られていたし、旧正月をひかえたベトナムでも植木市では鈴成りに実ったシキキツの鉢物が盛んに取引きされるという。わが国の門松や鏡もちに〝代々栄えるように〟とダイダイを飾って祝うのに似ていて興味深い。

わが国に導入されたのは、江戸時代末期のころとされている。唐金柑の名は中国から渡来したことを表わしている。

樹は地植えの場合、高さ三m内外の小高木で枝が密生する。果実は球形で二〇g程度（51ページ図2—30）。果皮は鮮橙色で薄くやや甘いが、果肉は酸味が強い。タネは一〇粒内外。胚は淡緑色で多胚。

東南アジアでは清涼飲料、シロップ煮、ピクルス、香味料に利用している。わが国では近年、植木市に出回りはじめた。

②シキナリミカン（四季成蜜柑）

〔学名：*C. madurensis* Lour. forma *shikinari*〕

シキナリミカンは前述したシキキツの四倍体品種に田中諭一郎博士が命名された。博士によれば一九三〇（昭和五）年、福岡県の苗木商より購入した苗木から発見したという。

樹勢はシキキツにくらべてやや弱く、結果期に達するのは早いが、結実性は劣る。年二回以上開花する。通常とげはない。

果実は球形で果頂部わずかに窪む。果面には凹点が非常に多く、また多少起伏する傾向があって、この点シキキツとの区別性は明らかである。果皮色もシキキツより濃く、濃赤橙色を呈しはっきりした小油胞が密生する。果皮の剥皮は容易でやや甘味もある。果肉の酸味が強く生食向きではない。タネは六粒内外で胚は緑色で多胚。熟期は遅く晩春まで樹上についている。

庭園樹、鉢物にして楽しめるが、シキキツ同様、加工・利用の面もひらけている。

③ライムカット

〔学名：*C. aurantifolia*×*F. japonica*〕

レモンやライムは寒さに弱いため、耐寒性を強める目的で、耐寒性のあるカラタチやキンカンとの交配が十九世紀末から米国で一時的ではあったが精力的に行なわれた。しかし経済栽培されるようなレモンカットやオレンジカットは生まれず、中間母本的な形でわが国に導入されたのがライムカット。その代表品種が「ユーステス・ライムカット」で育成者のスイングル博士から一九二四（大正十三）年にもたらされた。

「ユーステス・ライムカット」はライムにマルキンカンを交雑して得た雑種である。樹は開張性がはなはだ強く葉は丸みがあり、枝にはとげが多い。果実は五〇g内外で一見ライムに似ているが、果皮が厚く、キンカンの香りを含む。

香酸カンキツ属に属するが香りがきつく、日本人の嗜好にあわない。耐寒力はレモンやライムに優るが、とげが多く庭園樹にはどうであろうか。

図2―31　シトレンジカット

④シトレンジカット

〔学名：*F. margarita*×（*Poncirus trifoliata*×*C. sinensis*)〕

シトレンジカットはナガキンカンにシトレンジ（オレンジとカラタチの雑種）を交配した三属間交雑種として有名である。種間雑種でも、両親種の遺伝的距離の大きいバラ科サクラ属内のサクランボ、モモ、ウメの交雑は聞かないし、同じバラ科内のサクラ、リンゴ、ビワの属間雑種も知らない。カンキツ類のこれら三属間の遺伝的距離の近さを物語っている。

シトレンジカットのなかでもわが国に一九二一（大正十）年スイングル博士より送られてきた「トーマスビル・シトレンジカット」が有名である。樹は耐寒力強く、発芽期が遅いことから、温帯地方では育つものと思われる。果実は下向きになり、三〇～四〇gに達する（図2―31）。果皮に毛じがあるのも特徴の一つ。果肉は酸味強く香りにもキンカンに近い特徴がある。タネは二～三粒で、胚は淡緑色多胚性。熟期は十二～一月ころ。香酸カンキツというより、飲料用とかジャム用、また機能性成分を明らかにして健康食品か漢方薬としての利用の可能性も考えられる。

第3章 キンカンの導入と栽培のポイント

1　導入の魅力と作型の選び方

(1)　キンカン栽培の有利性

キンカンは、カンキツ産地の周辺であれば散在樹がどこでも見受けられたものだが、放任樹の果実は商品にならず激減した。本格的な栽培果実のみ市場に流通するようになり、品質の均一化が進められている。56ページの図3—1でみられるように単位面積当たりの生産量も徐々に上昇し、技術の成果も現われはじめている。

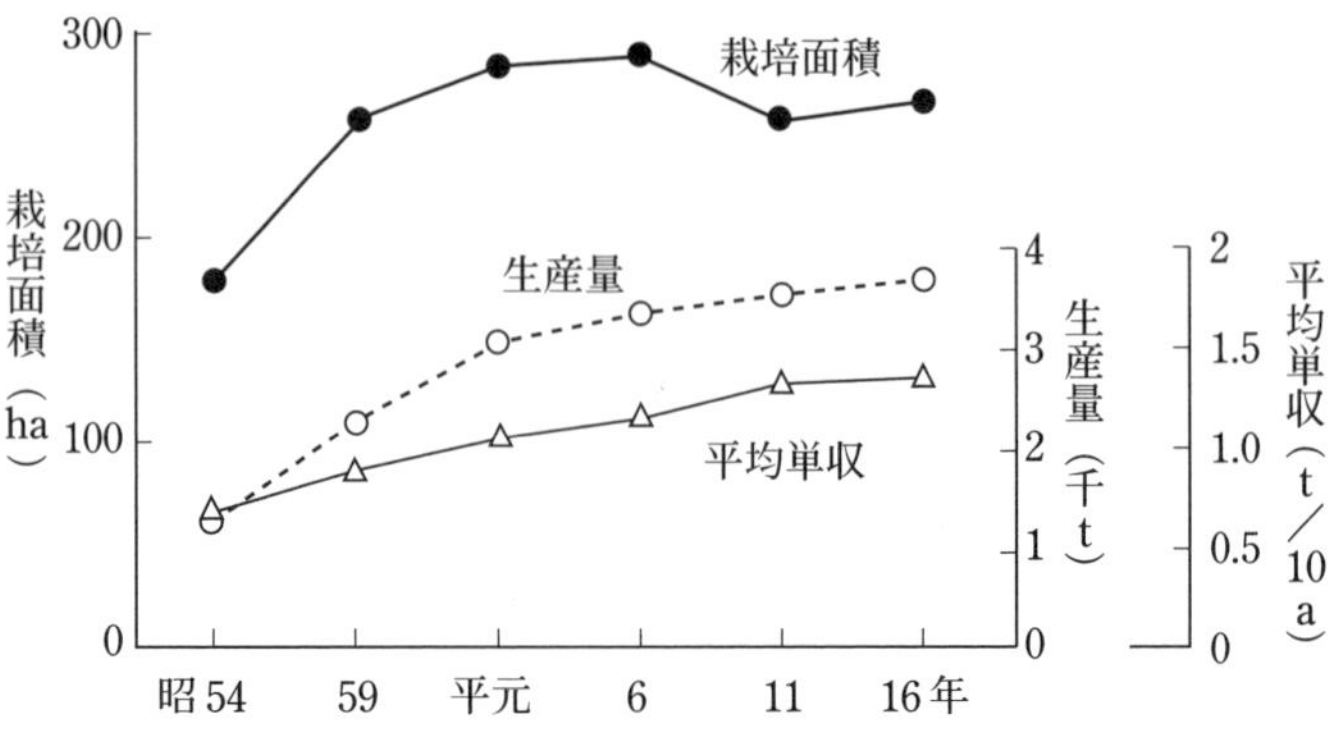

図3―1　キンカンの年次別栽培状況

（農水省生産局果樹花き課「特産果樹生産動態等調査」，2006より）
1981（昭和56）年以降ハウス栽培がはじまって生産量・単収が向上した

〝風邪にはキンカン〟といった機能性食品の元祖ともいうべき認識が消費者に定着し、安定的な需要がある。またキンカンの用途といえば多くは砂糖と一緒に煮て食べるというのが一般的であったが、近年の完熟キンカンは果皮が軟らかく、酸が少ないため生食用としての需要も伸びてきた。ビタミンA、クリプトキサンチン、カルシウム、食物繊維などが豊富なことから健康食品ブームに適合している。

　これらの背景から、消費者ニーズに応えたキンカンづくりをすれば、経営的にも安定した収益が望めよう。さらに樹は低木性で管理しやすい。収穫作業に人手が集中する面もあるが、これらの人手には女性や高齢者が頼りになる。また、この集中的な労力確保の課題が、栽培面積の増加をおさえている面もあり、価格の安定に

表3－1　キンカン作型別販売状況（2003～2005年度3カ年平均値）

（JA宮崎県経済連）

作型別	出荷量 (t)	出荷割合 (%)	単価 (円 /kg)	出荷期間 (月)
露地キンカン	668.2	37.0	345	10 ～ 4
温室キンカン	346.4	19.2	599	11 ～ 4
完熟キンカン	791.5	43.8	746	1 ～ 4
（うち“たまたま”）	24.2	1.3	1,703	1 ～ 4
合計（平均）	1,806.1	100.0	(570)	―

注）出荷期間の10月と4月はきわめて少ない。温室キンカンは早期出荷型栽培で生産された果実をいう

つながっているようである。

もっとも、本格的な経済栽培をするとなれば、多収で、なおかつ高品質な果実の生産が要求され、高度な経営理念と栽培技術の実践がともなわなければ有利な経営はできない。宮崎県の例をあげると、2L（横径三・三mm以上）級以上で糖度一八度以上、着色良好で無傷のものが、最高級品である。宮崎県ではこのような最高級品を〝たまたま〟と呼び、ブランド化している。この〝たまたま〟の検査を高率で合格させることが、経営を有利にし、栽培の魅力ともなっている（表3―1）。

労働力不足、生産意欲減退の農家や産地が、品質に乱れをまねくような生産・販売をすれば、キンカン全体が市場の信頼を落とし、消費者からそっぽを向かれる。キンカンづくりが将来ともに発展するには、高品質果実の安定生産に向けた技術・経営の近代的レベル

アップを進めるしかない。

(2) キンカン導入のポイント

①ほかの作目と組み合わせる

キンカンは小玉で数が多いため、収穫に多くの人手を要する。この労力が栽培面積の制限要素になりえる。広く栽培するには三つの作型を導入して収穫労力のピークを平準化することが望ましいが、長くても十一〜三月ころまでであるため、収穫時期とか栽培管理の農繁期が重複しない作目と組み合わせた経営をすることが、キンカン導入を有利にする方策である。

もっとも有利な組み合わせ作目といえば、農機具や農業資材、栽培管理が比較的共通していて、収穫期が重複しない極早生ウンシュウミカンであり、多くのキンカン生産者が実施している代表的な組み合わせでもある。立地条件や労働力の量と質にもよるが、果樹や野菜のうち、春〜秋までに収穫期を迎える作物のなかで、地元の特産物になっていて経営者の長所が生かせる作目であってほしい。多くは稲作がこれに加わる。

②施設栽培を考える

キンカンの作型のうち、需要が伸びている完熟出荷型栽培と、早期出荷型栽培はハウスの施設を必要とする。

海岸より離れた中山間地帯とか水田転作の多くは成熟期以前に降霜があり、露地キンカンは収穫期間を延ばすわけにもいかず、収穫を急ぐため短い期間に多くの収穫労力が必要になる。また、雇用問題もあり、労働力の配分の平準化も考慮しなければならない状況から、露地キンカンから始まった経済栽培も現在では施設栽培が重きをなしつつある。

キンカンの施設栽培の導入の利点として、①早期出荷、②気象災害の回避、③品質の向上、④収量の向上、⑤収穫・出荷期の調整、⑥労働力の分散、⑦病虫害防除の軽減などがあげられる。

図3－2　好成績をあげている露地栽培園（宮崎県南郷町）
キンカンの果実は凍霜害に弱いから適地選定が重要

(3)　キンカンの三つの作型

①露地栽培

露地とは屋根がなくて、雨や露がじかに当たる地面をいうが、要するに自然条件下でキンカンの経済栽培を行なうことである。この露地栽培で重要な点は、適地適作という農業の原点に戻って考

図3—3　完熟出荷型栽培のハウス園（熊本県八代市）
晩秋から収穫終了期までビニール被覆

えることである。さきにも述べたようにキンカンの果実は凍霜害に弱い。南面の傾斜地で海岸から暖かい気流が上ってくるような地形の園地は成績がよい（前ページ図3—2）。

ほかの果樹と同様に商品性の優れた果実を生産するため、施肥や整枝・せん定などそれ相応の技術が有機的に体系化されていなければならない。しかも自然条件下で育つため、その年々の気象条件にもとづいた肥培管理には臨機応変さも大切である。一般に一番花をいかに多く着果させるかが課題である。収穫期は十二月になる。霜がおりなければ、一月まで収穫できる。なお、ハウス栽培でも時期的にビニールを除去することが多い。その期間は露地栽培としての対応技術が必要になることはいうまでもない。

②完熟出荷型栽培

キンカンの果実特性を十分に発揮させる栽培法であり、生食用にキンカンが見直されたのは、この作型の開発が契機となった。

露地栽培で樹上完熟させると果皮が霜害にあい、わが国の暖地ですら無理があるし、品質的にもよいものができない。この作型はハウス栽培ではあるが、ほかの果樹にはみられない特徴がある。すなわち、生育期間の大半は被覆をせず、露地栽培のように管理し、開花期も露地で迎える。ビニール被覆は七月中に開花した一番花、二番花の果実肥大中、最低平均気温が一五℃に達する十月以降など、その年の気温に応じて行なう。ビニール被覆中の冬季には熱風暖房機による少加温で凍害を防ぎ、一月中旬～三月中旬に完熟果を収穫、出荷する（図3―3）。

③早期出荷型栽培

ハウス栽培で典型的な前進出荷の有利性をねらった作型である。二月から三月上旬までにビニール被覆、加温をはじめて五月に開花期を迎える。当初から集約的な温度管理を進め、一番花、二番花を中心に結実させる。これにより着果量が確保できる。

夜温が一八℃以上になるとビニールを除去、日焼け、風傷果対策のためネットを被覆する。十月以降完熟出荷型と同様ビニールの再被覆を行なう（62ページ図3―4）。収穫期は一般に十一～十二月中旬を目標に、着色後糖度が一五度に達したら順次収穫、出荷する。以後ビニールは除去し、休眠期の土壌改良、整枝せん定、春肥施用を行ない、ビニール被覆・加温をひかえての十分なかん水をすることになる。

図3―4　早期出荷型栽培のハウス園（宮崎県串間市）
2，3月にビニール被覆後加温，5月に開花，11～12月が収穫期

露地ものと出荷が重複しても差別化できる品質でなければならない。

(4)　作型選びの目安

①降霜常襲地帯では施設が前提

いまやキンカン生産も高品質多収時代を迎えており、従来のように早霜の園地は早どりして、貯蔵中着色を待って出荷しても内容がわるく消費者への信頼を損なうだけだ。早霜が懸念される園地では露地栽培はさけるべきである。幸い完熟出荷型栽培法が確立しているから、早どりの露地ものとは比較にならない生食用の高熟度キンカンづくりをすすめたい。

早期出荷型栽培も考えられるが、冷え込みの強い園地は暖房期間と温度管理上、重油代など生産コストが高くなる。

②労働力配分を考える

露地キンカンとハウスキンカンの年間労働力の配分事例（波多野）によると表3―2、表3―3の

表3－2　キンカンの露地栽培の年間労働力配分（時間/m²）

（波多野，1989）

	1月	2	3	4	5	6	7	8	9	10	11	12	年間
整枝せん定		7	7			9		9					32
施肥			2		1								3
土壌管理		9		2			2	2		2			17
薬剤防除	2				2	2	9	2	2				19
摘果									8	2			10
防霜	4											4	8
収穫	48										82	82	212
出荷	2										9	9	20
その他						4				4			8
計	56	16	9	2	3	15	11	13	10	8	91	95	329

表3－3　早期出荷型栽培（ハウスキンカン）の年間労働力配分

（時間/m²）　（波多野，1989）

	1月	2	3	4	5	6	7	8	9	10	11	12	年間
整枝せん定			3.2	5.0									8.2
防風垣手入	5.0												5.0
施肥	12.0	2.7					0.7			2.2			17.6
土壌改良		4.7	2.0	2.0									8.7
薬剤防除					2.0	4.0	2.0	2.0	4.0	2.0		2.6	18.6
草管理		0.7		1.0		3.0		1.7		0.7			7.1
摘果（蕾）							6.0	7.0	7.0				20.0
収穫	12.0									44.8	86.1	29.3	172.2
出荷	1.0									3.6	6.9	2.3	13.8
園地整理					1.0		1.0			1.0			3.0
ビニール被覆			48.0				15.0		12.0				75.0
ハウス温度管理			7.0	21.0	21.0	35.2	7.0						91.2
かん水			1.0	1.5	1.5	1.5	1.5						7.0
枝吊り									20.0				20.0
その他	0.5	0.5	0.5	0.5	0.5	0.5	0.5	0.5	0.5	0.5	0.5	0.5	6.0
計	30.5	8.6	61.7	31.0	26.0	44.2	33.7	11.2	43.5	54.8	93.5	34.7	473.4

とおりである。

露地栽培では果実収穫労力は全労働力の六四・四％を占めており、出荷労力を加えると七〇％を超す。いっぽう早期出荷型栽培では全労働力が露地栽培の一・五倍程度に上昇、収穫は三六・四％（出荷も加え三九・三％）と減少するものの同程度のビニール被覆、ハウス温度管理、かん水などの割合が増える。

月別に労働力をみると、露地栽培では収穫期の十一〜一月の三カ月がピークで七三・六％を占めているのに対し、早期出荷型栽培では収穫期の十〜一月に加え、ビニール被覆や除去、温度管理などを行なう三〜七月も労力を要する（二月加温では二月に早まる）。また、摘果、枝吊りなど結実管理で九月も多忙な月になる。

完熟出荷型栽培は十月のビニール被覆から枝吊り作業、一〜三月の収穫、整枝せん定、間伐、ビニール除去までが労働力のピークになる。

いずれの作型にせよ労働力のピークは収穫出荷になる。専業農家では果樹や野菜、水稲の大きな作物との組み合わせになり、それらの栽培面積と労働力配分を照らしあわせて、労働力の平準化をはかることが大切である。なお、三つの作型を導入するばあいには収穫期における豊富で安定した雇用労力の確保が前提となる。

③水源、電源、地形、標高、鳥害も考える

作型を選ぶ際に、制限因子となるのが施設栽培での水源、電源であり、無ければ導入経費として加算しなければならない。露地栽培では前述したように早霜の降りやすい標高の高い内陸部とか、平坦・窪地または東向きの傾斜地などの地形、鳥獣害の多い場所などはさけるにこしたことはないが、必要に応じては施設化を考えたい。

2　安定多収栽培のポイント

(1)　樹勢維持で大玉つくり

①第一に細根を増やす

根はわれわれの口のような働きをしていて、ここから多くの養水分を吸収し、呼吸をする。もっとも活発な働きをしているのは根の先端、つまり細根の部分である。

キンカンの台木であるカラタチの根では水分は吸水帯といわれる根毛の密生部位、つまり細根の先端から五〜一五mmの範囲で盛んに吸収される。養分は吸水帯よりも先端に近い塩類吸収帯で盛んに吸収され、また、この部分は盛んに呼吸をしている。

樹勢の維持や強化をはかるにはこの細根量を増やし、養水分を地上部に送ることが先決である。ただし、着果が確保されるまではかん水はひかえめにし、細根伸長を抑えないと、花と新根のあいだに養分競合がおこり、落花（果）しやすいので注意しなければならない。その後は根の伸長発達を促し、大玉果の生産に役立たせることがポイントの一つである（図3—5、図3—6）。

②一挙多施肥はよくない

一般に施肥量の試験研究をする場合、一〇a換算して一〇〇本植えの成木園であれば一〇〇分の一

図3—5　新梢伸長完了期（5月末）の新梢と細根，パイオニアルート
開花期に新根伸長が盛んになると落花（果）しやすいので要注意。パイオニアルートは深層にあり伸長は早くからはじまっている

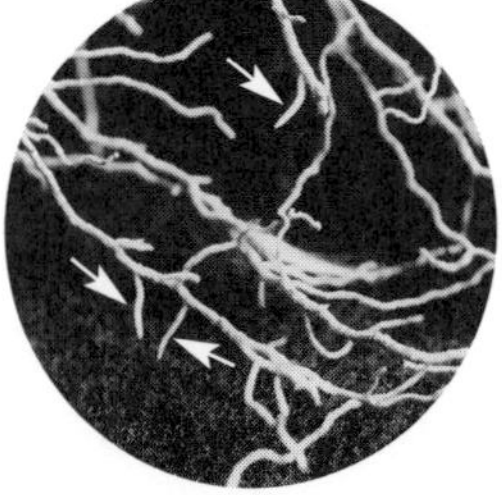

図3—6　新梢伸長完了期の細根
矢印が新根。浅い土層の細根も5月末ころから動きはじめる

の量を一〇m²にまんべんなく肥料を撒き、レーキなどで土と混ぜたり、かん水したりした結果から適正量が判断されている。しかし、現場では樹のまわりに集中して施肥することが少なくない。一度にチッソ成分で一〇a当たり二〇kgが土壌の肥料貯蔵能力（吸着力）限界といわれているが、これは砂質や礫質でないふつうの畑土壌にまんべんなく施肥したときの話である。細根分布が密な樹冠下に集中的に施肥すると、その場所の土壌溶液濃度が高くなり、大量の細根が肥焼けをおこして枯れてしまうので注意したい。こうなると肥料を効かせたいときに根が枯れ込んでいるため肥効は期待できない。肥料分が薄くなったころでは生き延びた側根から多量の新根が発生する。これが肥料の遅効きにつながり、時期によって生理落果を助長したり、着色を遅らせたりする。

以上のように、一挙に多施肥はけっしてしてはならない。キンカンの大玉つくりが思うようにいかないと感じたときには、根にも目をやっていただきたい。

③有機物を活用した土つくり

自然界の植物では落葉や枯れ枝などの有機物が堆積し、それが微生物によって分解され、土壌に還元される。そのため何をしなくても樹は育っている。しかし果樹栽培ではわれわれ人間のつごうにあわせて果実をたくさんとり、園から持ち出す。これでは有機物を投入しない限り、土壌中の有機物はしだいに減り、土壌はやせ、硬くなる。この土壌に対する罪ほろぼしが土つくりである。したがって少なくともキンカンの主根群域にいきわたる土つくりが必要である。

この土つくりに用いる有機物資材は、落葉枯草などのほかバーク、ピートモス、ヤシガラなどチッソ分が少なく、繊維の多い植物質堆肥（繊維質堆肥）と、牛ふん、鶏ふん、豚ぷん、魚カスなどチッソ分を多く含む動物質堆肥（栄養堆肥）とに大別される。土つくりは主として腐植に富み、土壌の団粒化といった物理性の改良を目的にしているので、繊維質堆肥のほうが効果的で、後者は栄養効果を期待するときに用いるとよい。

両者とも完全に熟成した堆肥を施すことが肝心であり、まだ有機物の原形が残っていたり、悪臭がしたり、握って水の出るものなどは未熟堆肥である。未熟堆肥を施すと微生物の働きで一時的にチッソ飢餓をおこす。水田転換のキンカン園に未熟堆肥を敷くと、梅雨期などには土壌は慢性的な低酸素濃度となり根が枯れ込む。したがって空地などで一年間堆積してじっくり腐熟させて利用する。

完熟堆肥の適正な施用によって膨軟で腐植に富む土壌の気相・水相・固相という三相分布のバランスを改善することができる。これによりキンカンの樹勢維持・向上による大玉つくりに寄与することとなる。

なお、土つくりは土壌を改善する場所によって、掘る（深耕して埋め込む）、耕す（一〇〜三〇cm・中耕して埋める）、混ぜる（五〜一〇cm・レーキで浅耕する）、撒く（三〜五cm厚さの客土、堆肥を敷く）など堆肥のやり方はいくつもある。さらに排水対策を考慮に入れた土つくりでないと逆効果をまねくこともあり、注意しなければならない。

④葉面散布で栄養改善

樹体に対する栄養供給は施肥が基本であるが、液肥の葉面散布は速効性があるため、キンカン栽培にもよく使われている。乾燥気味に土壌管理をする期間での微量要素補給、火山灰土壌（不可吸態化）でのリン酸補給、カリ分の多い園（要素間の拮抗作用）でのカルシウム、マグネシウムの補給などの使い方がある。とくに、完熟出荷型と早期出荷型では収穫後低温のため、樹勢回復用にチッソ主体の葉面散布が効果的である。また、春枝の発芽期から伸長停止期の散布は、葉を広く厚くして、春枝と花芽の充実をはかるねらいがある。連続するが花器（子房）形成期から結実期にかけては、細胞分裂が盛んで、大玉になる素地ができあがる。葉面散布は速効的効果があるから、樹をよく観察し、必要に応じて、三要素のほか微量要素を加えて散布したい。

葉面散布用に使用する代表的な資材は、チッソは尿素二〇〇〜三〇〇倍、リン酸にはリン酸第一カルシウム二〇〇倍、カリには硫酸カリである。ただしカリは十分含まれている園地が多い。ほかの要素は市販の葉面散布剤（たとえばメリット青・黄・赤など）が薬害がなく安心である。この葉面散布剤は尿素散布のときにあわせて散布することもできる。

葉面散布は葉裏には気孔があり、その周辺に、エクトデスマータ（外質連絡系）という養分吸収組織が密集しているから、葉裏にかかるように心がける。もちろんこの組織は葉の表にも存在している。吸収率は枝・葉・果実などの組織が若いほど高いが、実用化されている濃度では旧葉でも効果は高

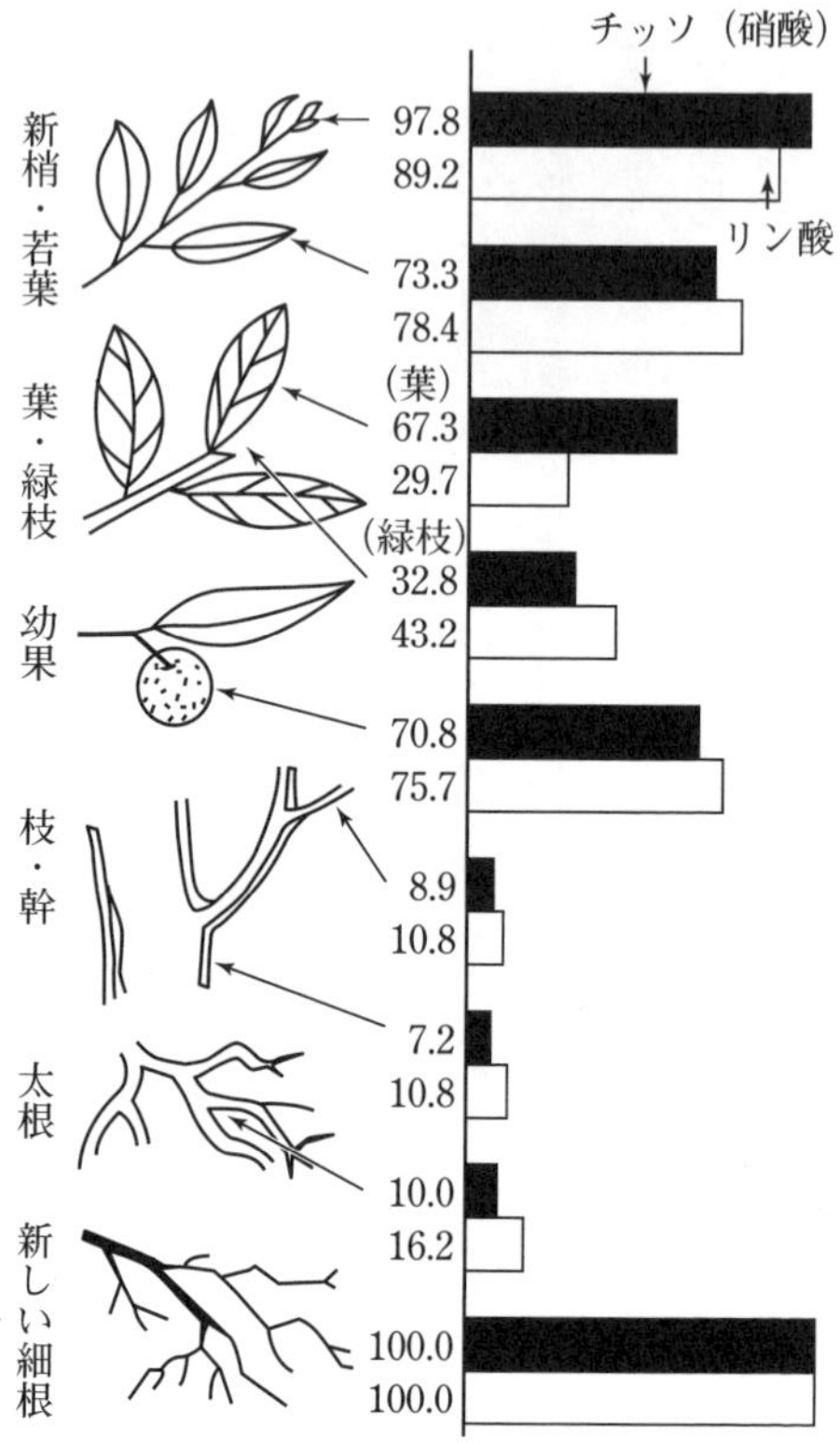

図3―7　カンキツの樹の各部の養分吸収力
（Criderのデータより作図）

い。

散布濃度は秋から春にかけては指定濃度でよいが、夏の高温乾燥時には薄くして使う。散布回数は四～七日間隔で三回以上行なうと効果的である。

幼果の肥大期に緑が薄いと果皮に紅がのりにくい。そのようなときにも臨機応変に活用して栄養改善をはかることが望ましい。

⑤着色を境に多かん水から節水管理へ

キンカン栽培の水管理で作型を問わずいえることは、①収穫終了以降から春芽が伸長停止（自己摘心）までは、土壌水分を保ち養水分が吸収できる態勢をとること、②春枝が伸びて生理落果が終了するまではやや乾燥気味に保持すること、③実止まりが落ちついたころから着色はじめまでは十分な水分を保つこと、④着色がはじまってからは徐々に乾くようにもっていき、やや乾燥気味のなかで収穫期を迎えるといったパターンが理想的である。

①は樹勢回復と花をつける春枝がしっかり育つこと、②は細根伸長が増える時期で、ここで根が伸びることは結実しかかった幼果との養分競合がおこり生理落果を助長するため、着果が安定してから細根をたくさん伸ばすこと、③は果実肥大最盛期であり、大玉生産の成否を決するため、根からの養水分を最大限に吸収させて、葉からの光合成産物を増加させ果実への取り込みを促すこと、④は養水分が多いと着色が遅れたり紅がのりにくく、食味が淡白になるのでこれを防止すること、などがおもな理由である。

露地キンカンはその年の天候しだいで、乾燥時のかん水に重点をおくが、ビニール被覆の作型では生育の段階で土壌水分の必要度と園内土壌水分を勘案してかん水の量と間隔を決めることになる。

(2) 一番花、二番花の着果率を上げる

①着果適温に要注意

キンカンの研究を手がけるにあたって、まず問題になったのは一番花、二番花に着果する質のよい果実の安定生産技術であった。開花期は一般カンキツ類より遅く、高温期をひかえる梅雨末期にあたる。この時期は気象の変動が大きく、年によって着果の中心が一番花、二番花であったり、三番花以降であったり安定していなかったからである。

早期出荷型のハウス栽培が普及しはじめると、一番花を確実に止め熟期を促す必要があることから、試験課題に取りあげられるようになった。その一つが開花期の温度と結実の問題であり、宮崎県総合農業試験場亜熱帯作物支場（以下、宮崎県亜熱帯作物支場）の下郡ら（一九八六）はハウス内で一番花の着果率が低い原因として、四〇℃の高温に遭遇すると花粉は死滅すること、また花粉発芽率五〇％を保つには試験を重ねた結果、最低気温一八℃、最高気温二八・五℃であるとした。その後、鹿児島県果樹試験場の藤川ら（一九九五）は花芽分化期の夜温条件が開花結実に与える影響を調べ、新梢展葉完了後から昼温二八℃、夜温二五℃にすることにより、夜温を二〇℃に設定した区より、出蕾日と開花日が五～六日早まり、着果率は一九・七％（二〇℃区は八・二％）に上昇し、果実肥大も促されたと報じている。さらに夜温を一五℃にした区は昼温が二八℃でも出蕾したつぼみを枯死させ、

開花数と着果数は激減したという。

このように早期に着果量を確保するためには早期出荷型栽培では春枝の伸長展葉完了時（花芽分花期）から開花結実期にわたる適温は最低気温二四〜二五℃、最高気温三〇℃前後で温度管理をすることが基本になる。露地栽培ではこの時期の夜温が高く、真夏日となる昼間は通風のよい場所が適している。完熟出荷型栽培ではビニール被覆・開閉が容易な設備で、開花前後期の温度調節もできるようにもっていきたい。

②大事なのは新梢の充実

キンカンの結果習性は特異で、その年の春に出た枝、つまり新梢（春枝）が伸びきって、葉が枝先まで完全な形になったころから、その新梢の腋芽のなかで花芽分化・発達して花を咲かせる。

したがって新梢の役目は本年直接果実を実らせることにある。一般に果樹はせん定によって発芽する数を減らし、新梢の伸びや花の数などを制御することが多い。その場合、前年伸びた枝がもっぱら対象になるが、キンカンでは前年枝だけでなく数年経過した枝まで切り戻しても、残された枝から新梢が伸び着花する。したがって、新梢への貯蔵養分の転流とか光環境などを勘案するだけで自由にせん定ができる。

樹勢に対して軽すぎるせん定や放任したりすると、枝先から多数の細く短い新梢が密生し、一番花、二番花が落ちて、三番花などの遅れ花が止まり小玉になりやすい。夏枝新梢はよく伸びるから、早め

表3―4　水分ストレスの持続期間とニンポウキンカンの着花（果）および果実品質　（岩崎らより抜粋）

乾燥期間	開花所要日数（日）	新梢10本当たり着花数			一樹当たり着花数	一果平均重（g）	果皮色a値	糖分含量（％）
		一番花	二番花	計				
無処理	19.0	40.0	12.7	52.7	26.3	9.5	11.7	20.5
2週間	6.3	88.3	0	88.3	41.7	11.9	19.0	20.1
3週間	5.7	114.3	0	114.3	47.3	12.0	19.1	19.5
4週間	8.0	124.3	0	124.3	44.0	12.8	19.8	18.2

注）新梢伸長停止日から10日後に十分にかん水を行ない処理を開始。三番花以降は全摘果。果実は12月20日収穫・調査

の摘心で充実をはかる。

③新梢伸長停止後、土壌を一時的に乾かす

カンキツ属では多くの種類で温度や水ストレスなどの環境要因が着花に影響を与えることが知られ、その研究蓄積の成果がハウスミカン栽培の安定生産につながったことは周知のとおりである。結果習性の異なるキンカンは新梢伸長完了後に花芽分化がはじまる。そこで、この期間における水ストレスと着花（果）との関係を宮崎大学農学部（当時）の岩崎らが実験したところ、新梢伸長が停止した時期から一カ月間にわたり土壌水分含量を約四五％に設定した区は明らかに一番花数が増え、対照区は二番花で増えること、また別の実験では新梢伸長停止期から一〇日後に十分かん水を行なったあと、土壌水分含量を三五～四〇％に調節した期間を二週間、三週間、四週間とし比較したところ、明らかに多収、高品質になり、二週間乾燥区でも一番花の着花量は対照区の二倍強に増え、着果量、一果重などが大きくなる傾向で、果皮色は

紅（a値）が明らかに高く、果形は腰高となった。ただし、糖度に明らかな差は認められていない（表3―4）。

以上の実験結果からも、新梢伸長停止（自己摘心）後一〇日目に十分かん水したあと二週間は新梢と花芽の充実のため乾燥気味にもっていく手も考えられる。

なお、整枝せん定の実際については、124ページからも参照していただきたい。

(3)　実止まり後は摘果を徹底

①適期は満開後七〇～八〇日以降

まず着果率を高めることがキンカンのみならず果樹の経済栽培には欠かせない。いっぽう、着果量が樹勢に対し多すぎると、大玉果にはなりにくいし、樹勢が衰弱する。キンカンは大玉生産をはからないと有利な経営はできないから着果量を確保したら、摘果を徹底し適正結果量にもっていく。矛盾した技術体系のようにみえるが、品質良好になる幼果を選んで残すことができるため、収益性は向上するのである。

カンキツ属では早期摘果が大果生産につながるが、キンカンの場合はカンキツ属と同様に生理落果直後に摘果すると、次の遅れ花が咲き、養分の浪費と摘果作業が二度手間になることから、露地・完熟栽培では満開後七〇～八〇日（九月上・中旬）から集中的に摘果する。

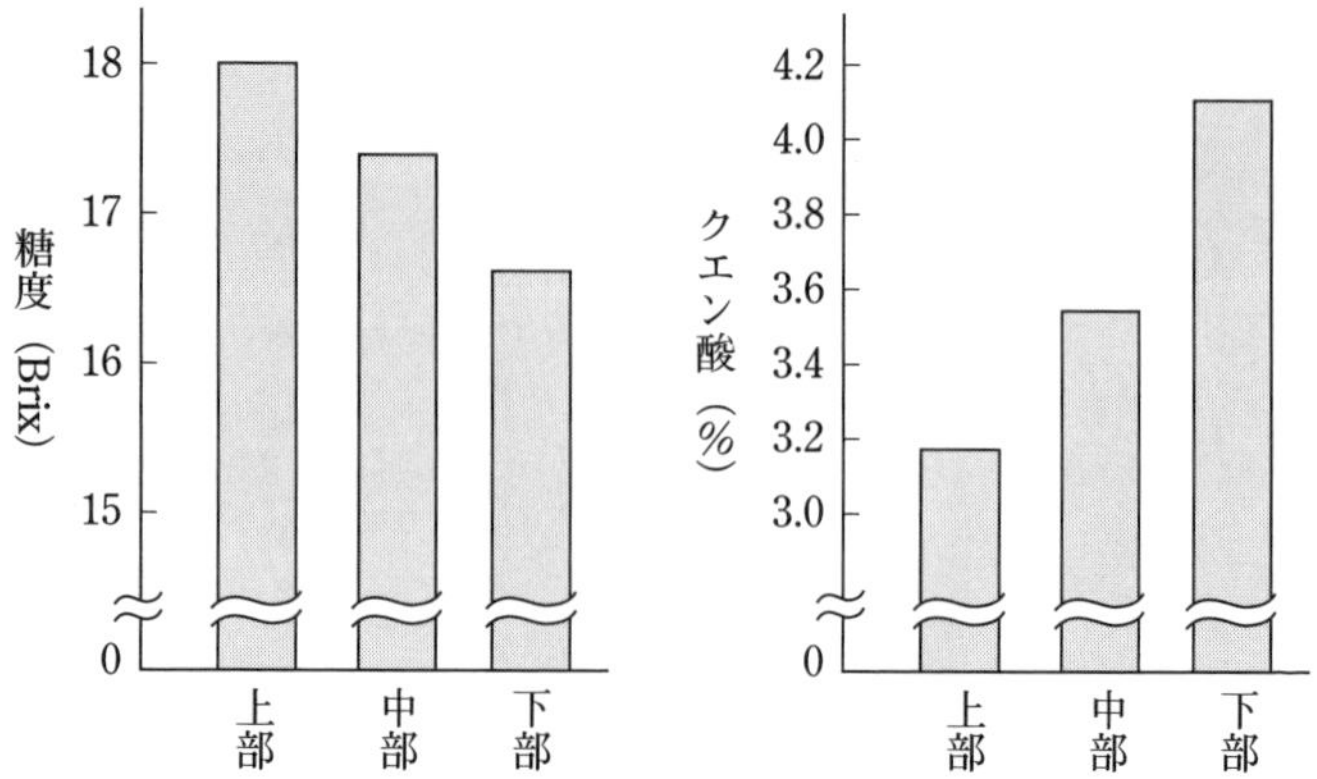

図3―8　キンカンの着果部位別の果実品質　（山口ら）

摘果の方法はまず、玉伸びのよい腰高な果実を残すよう、結果母枝長を基準に摘果する（102ページ）。できれば一番花の果実を残したいが、それに外傷があれば次の無傷の果実を残しほかを摘果する。優先して摘果すべき幼果とは、商品にならない奇形果、風傷や病害虫に冒された外観不良の果実、果実の肥大がよくない扁平果、球形果、同一腋芽から二果ついているうち欠点の多いほう、遅咲きの小玉果、遅れて咲く有葉果などである。

②樹冠下部の果実も捨てない

図3―8に示した宮崎県亜熱帯作物支場の山口らの報告にみられるように、着果部位別の果実品質の調査結果では樹上部、中部がよく、下部は低糖高酸傾向にある。ややもすると摘果重点部位になりそうであるが、秋～冬期にまんべんなく樹冠下部にも採光通風のよい光環境（枝吊り、間伐など）改善を行

郵便はがき

おそれいります が切手をはって お出し下さい

1078668

（受取人）
東京都港区
赤坂郵便局
私書箱第十五号

農文協

☎03-3585-1141 FAX03-3589-1387
http://www.ruralnet.or.jp/

読者カード係 行

◎ ご購読ありがとうございました。このカードは当会の今後の刊行計画及び、新刊等の案内に役だたせていただきたいと思います。

ご住所	（〒　　－　　） TEL： FAX：
お名前	男・女　　歳
E-mail：	
ご職業	公務員・会社員・自営業・自由業・主婦・農漁業・教職員（大学・短大・高校・中学・小学・他）研究生・学生・団体職員・その他（　　）
お勤め先・学校名	ご購入の新聞・雑誌名

※この葉書にお書きいただいた個人情報は、新刊案内や見本誌送付、ご注文品の配送、確認等の連絡のために使用し、その目的以外での利用はいたしません。

● ご感想をインターネット等で紹介させていただく場合がございます。ご了承下さい。
● 送料無料・農文協以外の書籍も注文できる会員制通販書店「田舎の本屋さん」入会募集中！
案内進呈します。　希望□

■毎月50名様に見本誌を1冊進呈■（ご希望の雑誌名ひとつに○を）

①食農教育　②初等理科教育　③技術教室　④保健室　⑤農業教育　⑥食育活動
⑦増刊現代農業　⑧月刊現代農業　⑨VESTA　⑩住む。　⑪人民中国
⑫21世紀の日本を考える　⑬農村文化運動　⑭うかたま

お客様コード □□□□□□□□□□

S06.01

書　名　お買い上げの書籍名をご記入ください。

ご購入書店名（　　　　　　　　　　　　　　　　　書 店）

●本書についてご感想など

●今後の出版物についてのご希望など

この本をお求めの動機	広告を見て（紙・誌名）	書店で見て	書評を見て（紙・誌名）	出版ダイジェストを見て	知人・先生のすすめで	図書館で見て

◇ **新規注文書** ◇　　郵送ご希望の場合、送料をご負担いただきます。

当社の出版案内をご覧になりまして購入希望の図書がありましたら、下記へご記入下さい。

（書名）	（定価）¥	（部数）　部
（書名）	（定価）¥	（部数）　部

なう必要がある。なぜならば樹の下部は収量の三〇％を保持している部位であり、摘果するより透水性白色シートをマルチングすることも視野に入れ、大果で良質の果実割合を高めたいものである。

(4) 施設や資材の活用

①二番果以降を活かすビニール被覆

農林水産省生産局果樹花き課発行の「特産果樹生産動態等調査」（二〇〇六）のキンカン栽培状況の推移を見てみると、栽培面積は一九九三（平成五）年をピークに下がっているが、生産量は増加傾向にある。このことは平均単収の上昇を意味している（56ページ図3―1）。施設栽培、とくに完熟栽培による単収アップとその普及が、露地栽培の減少をカバーして余りあるものにしている。

単収アップの要因は二つあり、一つは着果率の高い二番花中心の生産、もう一つは三番花以降の遅れ花果も含めた十月以降のビニール被覆による温度管理のノウハウの確立で、これにより、良質の完熟果生産が安定しつつあることが大きい。

②尿素十ジベレリンで着果率向上

着果率の向上策としては、植物生長調整剤の利用がある。元鹿児島大学の岩堀修一教授が、パクロブトラゾール（商品名バウンティ）をキンカンの出蕾時に散布すると一番花の着果率が向上したと報じたが、その後の追試で普遍性が認められていない。筆者らは新梢の発芽期にミカンに認可されている二五〇倍、五〇〇倍を散布して効果を認めている（データ未発表）。

また、ジベレリンを花が満開のときに五〇ppmで散布することによって花を減らし、着果率を上げる効果が認められているが、キンカンでの使用許可はおりていない。筆者はジベレリンを尿素と混用することで濃度を二分の一にしても効果が同じことを確認し、学会に報告している。この技術はすでに和歌山県でミカン「ゆら早生」の栽培に応用されている。

マイナーな果樹であるキンカンは研究がまだまだ少ない。裏を返せばいろいろな事象が潜在化しており、今後の研究が待たれる。

第4章

キンカン栽培の実際

1　年間の生育管理と適地

(1)　作業管理のあらまし

キンカンの作型は前述したとおり三大別され、早期出荷型の加温栽培では五月から、露地栽培と完熟出荷型栽培では主として七月中に三〜四回開花し、これら三つの作型をあわせて十一月下旬から翌春二月すぎまで収穫される。その間の結実期間はおよそ一五〇〜二一〇日である（26〜27ページ図2—3）。なかでも完熟出荷型栽培の結実期間は二一〇日ともっとも長い。

キンカンは低木性で枝は細く密生する。葉は小さいが、放任すると樹の表層のみ繁茂して、樹冠内部が枯れ込む。したがって開心自然形を目標に整枝を行ない、樹のふところ部分まで採光通風のよい骨格をつくり、高品質果実の生産ができる基本をつくる。

キンカンの果実は本年の春枝に開花結実するから、せん定はほかのカンキツ類のように前年の母枝を残す必要はない。強い立ち枝は間引き的に切返し、前年生枝（前年の結果母枝）は充実した枝二本程度を残し、ほかは間引く。

施肥は、着果の主体となる二番果の生理落果が終わる八月上旬ごろに夏肥（速効性肥料）を施す。秋梢の発芽する心配のない十月中旬に秋肥を施して果実の品質向上と翌年の貯蔵養分確保に努める。春芽の伸長を促すためには、収穫直後にお礼肥とかん水を実施する。春肥（三月）も大切である。

摘果は大玉生産のため発育のよい無傷のものを残し、遅れ花果や奇形果などを樹勢に応じて収穫前までに数回続けて行ない、収穫物の商品化率を高めるようにする。病害虫防除は早期発見・予防的な薬剤散布をして被害を食い止めるが、各産地で指導されている認可農薬の使用法、収穫前日数などを遵守して行なう。

(2)　キンカン栽培の適地

①秋冬季果実の凍霜害は命取り

凍霜害にもいろいろあるが、秋から初冬にかけて、まだ耐寒性の十分に高まらない時期におこる被害を早霜害と呼ぶ。キンカンが早霜害にあうと果皮全面が煮えたようになり、果皮は白濁化してまったく商品にはならない。一年間の努力が水の泡となり、経済栽培園にとってはまさに命取りになる。

満天の星が輝き無風状態だと放射冷却が著しくなり、風通しのよくない窪地や平坦地には霜がおりる。このような冷気の停滞する地形に露地栽培は向かない。冷気が流れる傾斜地では、防風垣の枝を地ぎわより五〇cm程度まで全部切除して気流が滞らないようにするなどの対策が必要である。82ページ図4—1にそのほかの早霜害に対する各要因の影響度を示しておいたので適地の判定や、対策としての作型選びの参考にしていただきたい。

なお、樹体自身の耐寒性はユズを「強」とすれば、「やや強」にキンカン、「中」にウンシュウミカン、ポンカン、ナツミカン、「甚弱」にはレモン、バレンシアオレンジが位置づけされる（16ページ表1—1）。

②乾燥しやすく水源の乏しい地域はさける

乾燥しやすい園は、保水性の乏しい砂質・礫に富む土壌、浅い耕土、それに南~西に向いた傾斜地

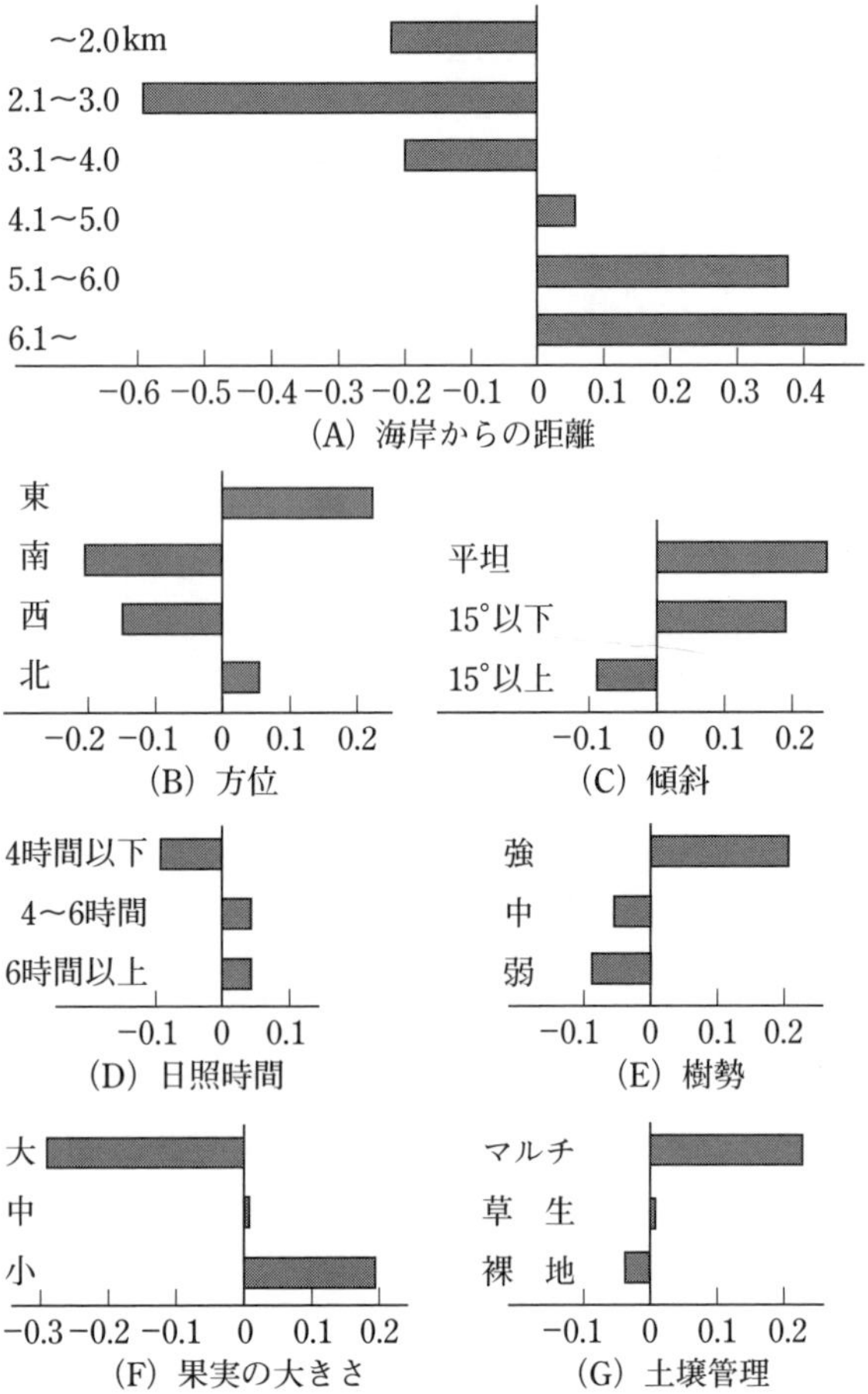

図4−1　果実の早霜害に対する各要因の影響度

（岡田らより抜粋）

各要因内での加重平均を0とした場合の各カテゴリーのスコアー値（R=0.816）

＊たて軸より右側が早霜害をうけやすい

だとさらに助長される。いうまでもなく徹底した土壌改良と園地造成に多大な資金を投入すれば解決するが、適地を選ぶほうが賢明であろう。さらに水源が乏しいとあれば将来、高品質果実の安定生産を続けるには生育段階での水分生理を満たす必要が生じる。水源が乏しい園地は有利な経済栽培の足かせになるので慎重にならざるを得ない。

③耕土が深く排水のよいところを選ぶ

大玉つくりが大切なキンカンにとって基本は、健康な根を育てることである。根群域が広く深くなると、多少の乾燥や肥切れが生じても、どこかの根が働き、異常な環境に対する反応が鈍くなって管理はしやすい。とくに排水のよい土壌や地形であれば、大玉生産上、水をたっぷりかん水する時期にも停滞水による根腐れの心配がない。また、降雨でもかん水でも水が土壌内を移動する際、酸素や肥料養分が運ばれるが、耕土が深く排水がよいと広い根群域が形成される。有効に養水分吸収がなされるようになり、結果的に樹勢強化、果実肥大につながる。

④風当たりが強くないところがよい

竹ぼうきや竹竿で植物の葉先を一日五回ほど払うようになでると、物理的な刺激によって植物ホルモンの一種のエチレン生成が増し、伸長が抑えられる。キンカンでも同様に風に枝葉が揺れると、程度の差はあるがエチレンが発生し、とくに新梢伸長期に風当たりが強いと伸びがわるく小葉になる。また生育期間中、風当たりが強いと葉からの蒸散量が増大し、土壌が乾燥していればさらに樹体内の水分ストレスが激しくなり、枝の伸長や果実肥大を妨げる。

また風当たりの強い園地は台風、豪風雨などによる被害が大きく、枝裂けや樹が倒れやすい、風傷果も多発する。いうまでもなく、このような場所での施設化はさけなければならない。

2 育苗と植付け、幼木、若木の管理

(1) 優良系統の接ぎ穂の確保と育苗

①台木の種類

一般にキンカンは低木性ではあるが、樹勢中庸で、強勢台木（ユズ、シークワシャーなど）は用いる必要はない。現在、わが国ではもっぱらカラタチ実生を台木に用い好成績をあげている。実生由来の「ぷちまる」では、矮性台木（ヒリュウ）を用いて樹勢を早く落ち着かせ、結果年齢を早めることも考えられる。新品種であるからいろいろと検討して、適当な台木を選定したいものである。

②苗木の養成

台木に用いるカラタチのタネは、カラタチの生垣が姿を消してしまった現在、入手が困難になってきた。手早い方法として、果樹種苗業者（巻末参照）からタネか台木用のカラタチ一～二年生苗を購入する。タネからだと一年目は二〜三月にカラタチを熟畑に播種、芽ばえた苗を育てる。二年目にそのまま育てると根が粗くなり、よい接ぎ木苗ができないから、株間二五cm前後に広げて等間隔に移植する。そのとき根は一五cm前後まで切り戻し、地上部は二五cm前後の高さに切って植え込む。三年目にキンカンを接ぎ木して育てる。苗木の養生にはまる三年を要する。一年生カラタチ苗を購入した場合は前述の要領で移植、二年生苗を購入する場合は前年秋から初冬に入手して移植し、その苗から発芽して伸びはじめる時期（四月下旬）に接ぐことである。カラタチの苗木から育てるとそれぞれ一〜二年、キンカン苗木が早くできあがる。

③優良系統の接ぎ穂の確保

キンカンといえばふつうキンカン属を包括した呼び名になっているから、希望する品種の接ぎ穂を確保しておく必要がある。確実なのは樹上に実っている果実を見て食べて、確認したら、その樹の枝を二〜三月に採取するのがよい。採取した緑枝からすぐ葉を切除して、接ぎ穂が乾かないよう心がける。ポリ袋に密封して冷蔵（五〜一〇℃）しておくが、ポリ袋内は乾燥せず過湿（水滴がつく）にならないように保つ。キンカンの接ぎ穂は比較的細く短いから一〜二本の場合は、乾きやすいので発芽前の三月下旬ころ採取して接ぎ穂の貯蔵期間を短くするほうが賢明である。束ねるほど多ければ、その心配はない。

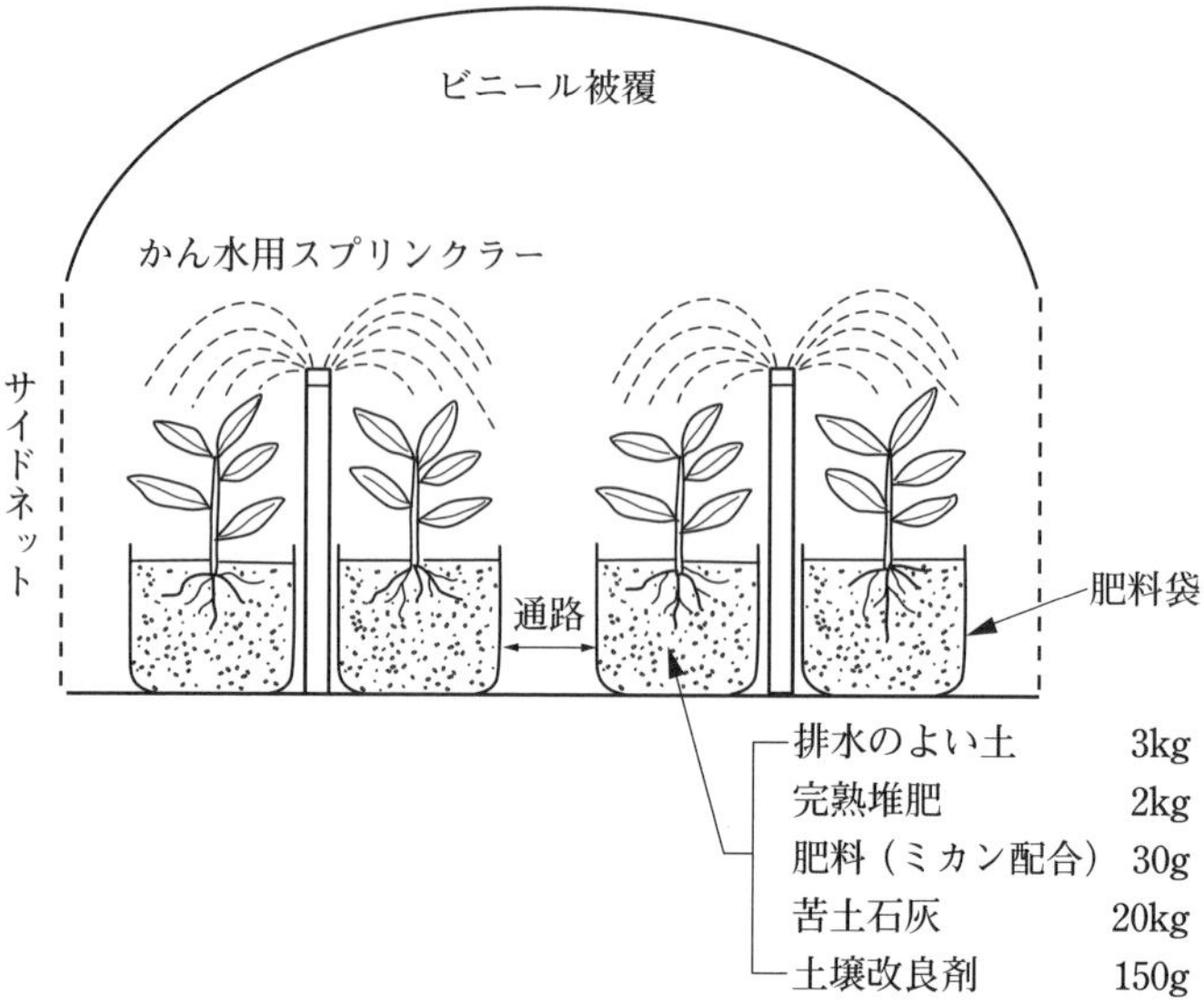

図4—2　育苗ハウスによる大苗育苗（1年間育苗）（磯部）

④大苗育苗の利点と留意点

一年生苗を直接ほ場に植えると、結果年齢に達する期間と樹冠拡大に時間がかかり、経済性が低い。一〜二年間集中管理した大苗を定植するほうが生育良好で経済性が高まる。

大苗育苗にあたっては、育苗ハウスを利用する方法と、露地に一定間隔で密植する方法がある。両者とも育てるときには、肥沃土であることと風当たりの弱いことなどが必須条件となる。ビニールハウス内の温度や地温を上げて生育を促進し、短期間で大苗に仕上げることができる（図4—2）。

露地で育苗する場合には高うね栽培とし、地温上昇のためにビニールを敷

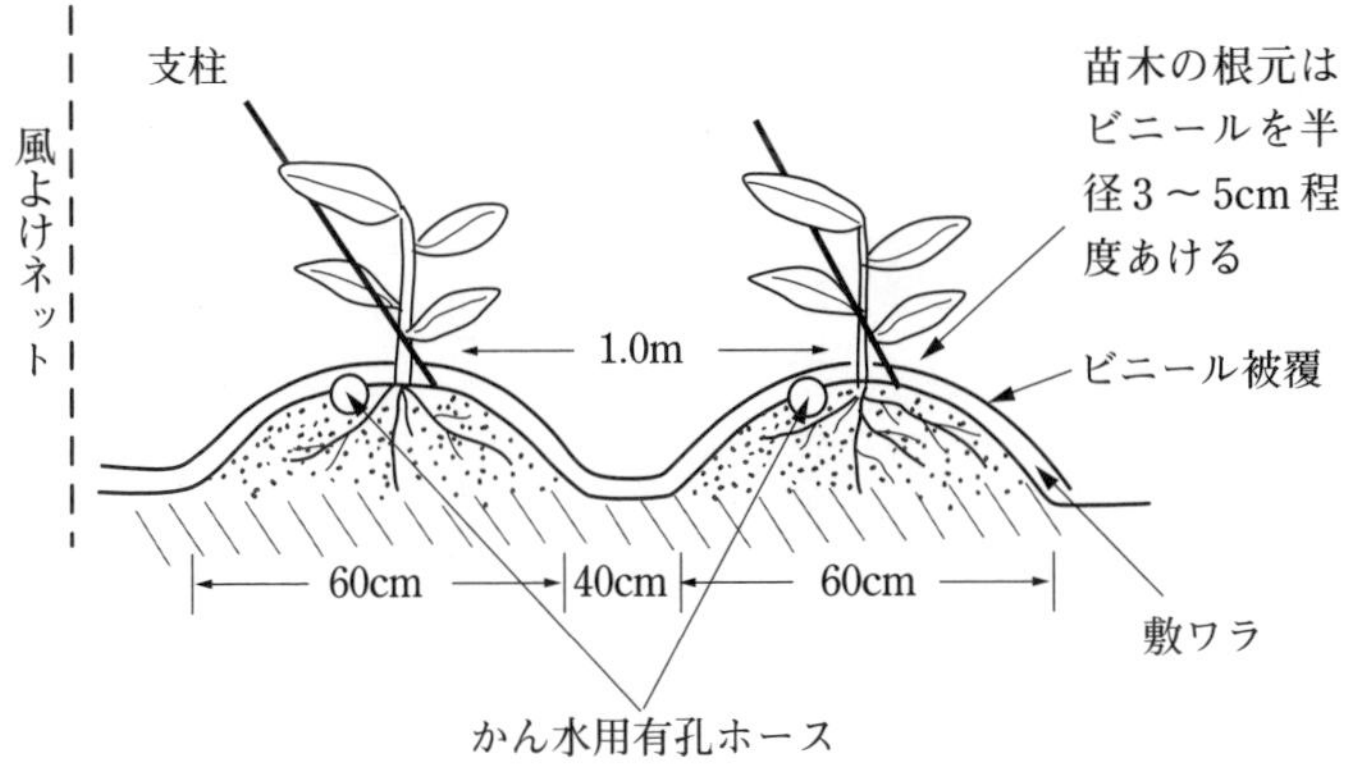

図4―3　高うね栽培による露地での大苗育苗（2年間育苗）（磯部）

き、防風ネットなどで風を防ぎ保温性を高めて、生育を促進させる（図4―3）。

大苗育苗するための苗木は地上部、地下部ともに絶対に乾燥させないよう根にぬれワラを覆い、風に当てないことが、活着後の生育を良好にするうえで望ましい。できれば無風曇天の日が作業するには適している。寄せ植え的に集約栽培をすることになるので、病害虫の伝播が早い。防除の徹底に留意しなければならない。

(2) 接ぎ木の方法

カラタチ台木の芽が三cmほど伸びたころに冷蔵していた接ぎ穂を用いて、カラタチ二年生実生を養成したほ場で居接ぎをする。乾燥時には二～三日前に十分かん水しておく。

接ぎ穂つくりは室内で行なう。芽の四～五mm先の反対側をせん定ばさみでやや斜めに切り、四~五cmに調える。これにあらかじめ発芽によい接ぎ木用パラフィンテープ（商品名メデール）を伸ばしながら巻きつけて準備しておく。キンカンは小さなとげがあり、テープを破ることがあるので切除しておく。また腋芽が突出しているのでテープはあまり強く巻かないほうがよい（図4―4）。

台木は側根が出ているものを用い、幹の緑皮が白に変わる部分まで地面に出して、そこから四~五cm上の部分で切断し、切り口の端をやや斜めに切る。接ぎ木ナイフ（大きめのカッターナイフでもよい）を使って、斜めに切った部分の木質部と緑皮部の境界（形成層）に沿って二・五~三・〇cmほど縦に切りおろす。接ぎ木のプロは形成層のわずかに外側を切りおろして、次に仕上げるように薄く削り、形成層の面が広くなるようにする。

接ぎ穂の断層は三角を帯びた円形を呈している。切断して準備された台木の形成層に、接ぎ穂の形成層が密着できるように緑皮部を削ぐように切りおろす。裏側にも形成層はあるから鋭角に切り返す。接ぎ穂にあらかじめ巻いておいたメデールテープはそのままにして切り、接ぎ穂と台木はふつうの接ぎ木テープか、ポリ袋を帯状に切ったテープでやや強めに巻く。乾燥させず、しかも雨水が中に浸入しないようにするのが大事である。接ぎ穂の先端がよく破れるが、そのときは木工用ボンドを塗っておけばよい。

接ぎ木後、芽が自然にテープを破って伸びるのがメデールテープの長所だが、別のテープ利用の場

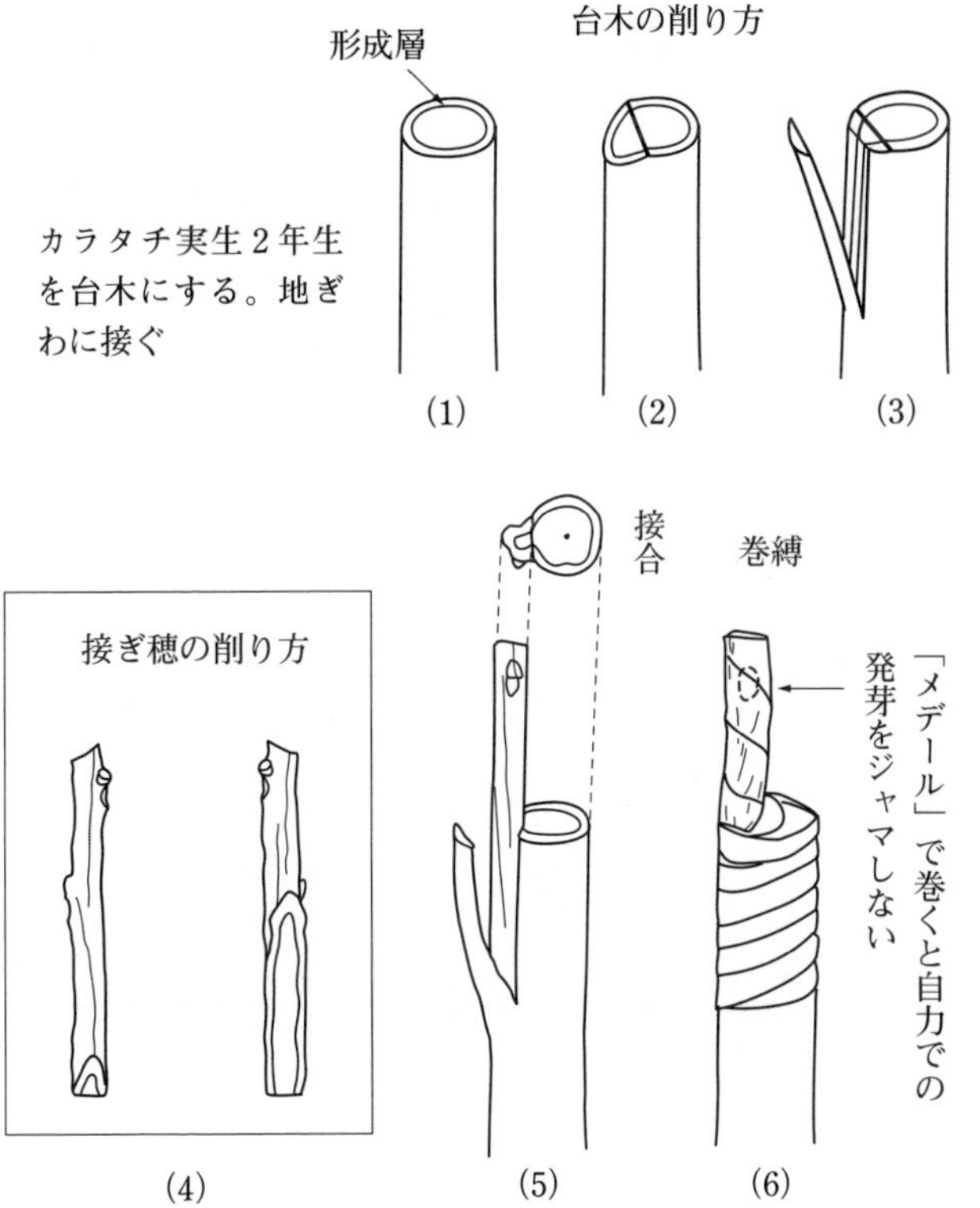

図4―4　キンカンの接ぎ木の仕方
接ぎ穂と台木の形成層をできるだけ長く広く接合させるのがコツ

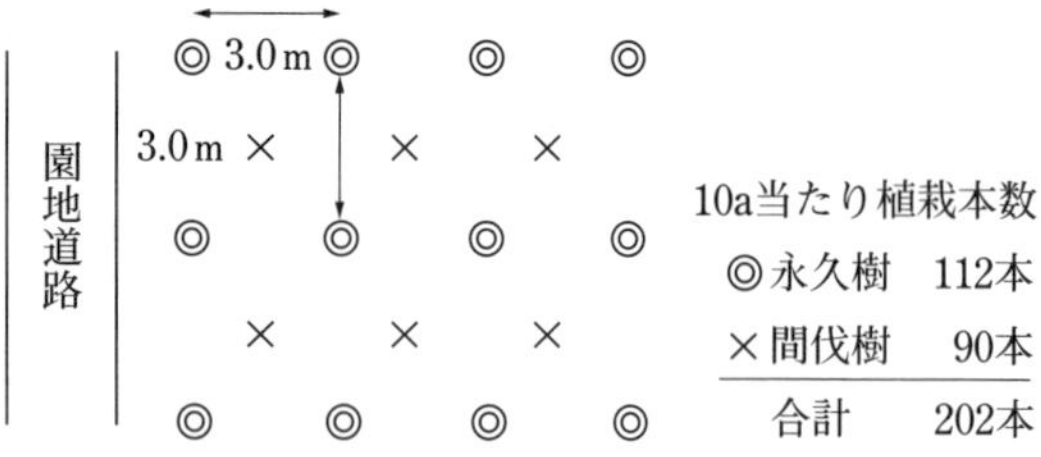

図4—5　露地栽培の植栽方式事例（宮崎県）

合、芽がテープを破りきれずうずくまった状態になっていることがある。そのときはカッターナイフの先などで、その部分を破ってやればよい。

接ぎ穂からは強勢な芽を一本支柱を立てて伸ばし、ほかは芽かきする。展葉しはじめるとミカンハモグリガの幼虫（エカキムシ）が葉をつぎつぎに奇形にして伸長を抑えるから、防除暦、農薬の使用法にもとづいた防除を行なう。乾燥、肥切れをおこすと根が粗になり、定植時、植えいたみをおこす原因となる。

(3)　植付けの実際

①まず永久樹の株間を決める

園地環境、地力、整枝法などから永久樹の樹冠占有面積を予測し、作業道とかハウスの間口間隔などを考慮して、永久樹の株間を決定する。最終的な植栽距離はふつう三・〇m×三・〇m程度の間隔で、一〇a当たり永久樹一一二本を基準にしている（図4—5）。

植付け当初は早期多収をはかるため約二倍の二〇二本、施設栽培

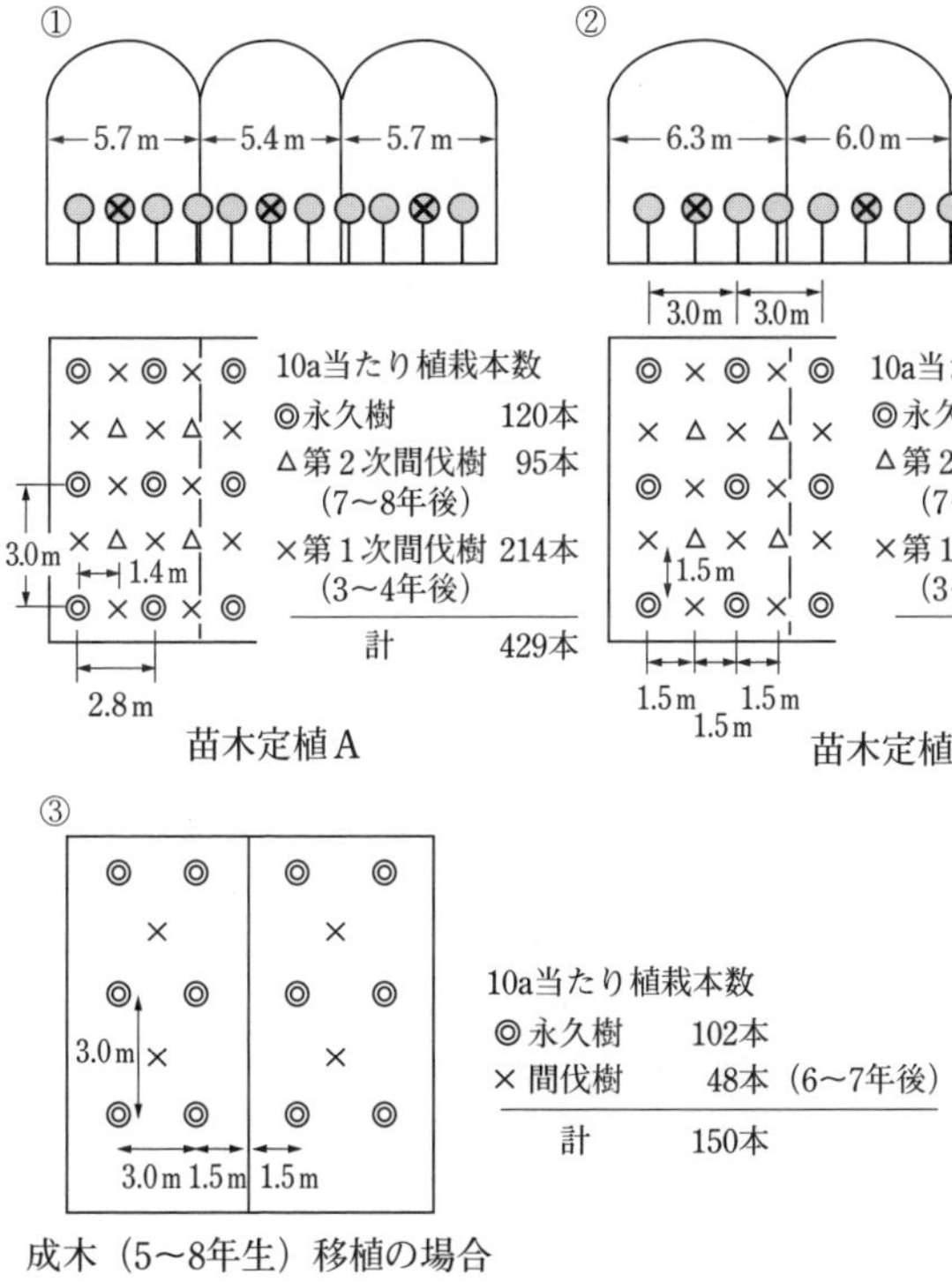

図4－6　ハウス栽培の計画密植事例（宮崎県）
地形・地力に応じて植栽する

では二次間伐を加え三六〇本程度をめどに計画密植することがすすめられている（図4—6）。間伐樹をすべて移植するとすれば、最終的に同樹齢のキンカン園が二～三倍に拡大する。

②植え穴は広く深く掘る

植え穴の状態は、樹の一生を左右し、長年にわたり品質と生産性に大きな影響を及ぼす。したがっ

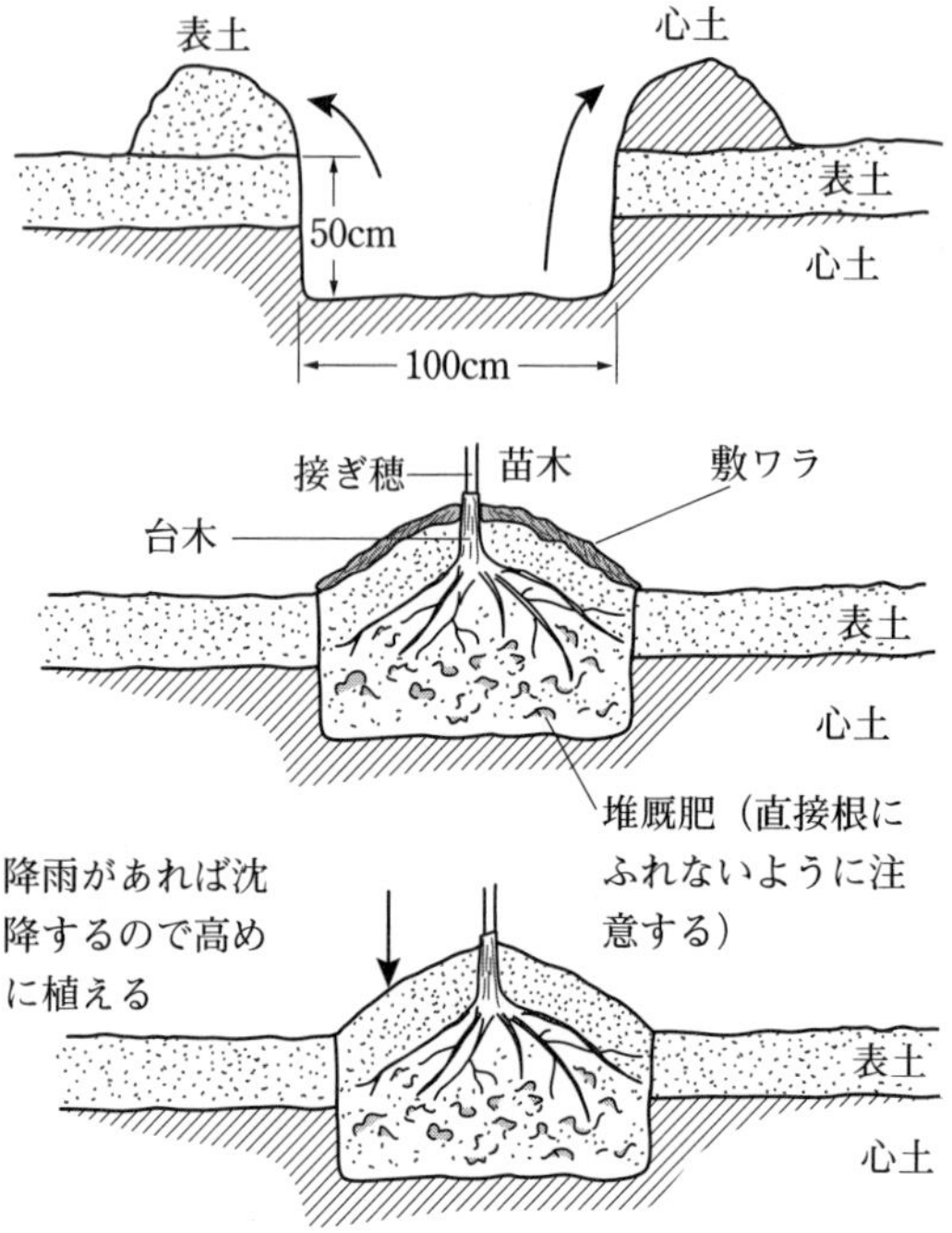

図4－7　植え穴の掘り方と植え方（磯部）
植え穴はできるだけ広くするが，梅雨時に根が水浸しになるようでは意味がない

て、事前の周到な準備が必要で、少なくとも植付けの三カ月前までに植え穴を仕上げるつもりで作業に取りかかる。とくにキンカンは初期伸長が鈍いため、できるだけ根圏環境を良好な状態に保てるようにする。

植え穴は深く大きくし、幅一〇〇cm、深さ五〇cm前後とする（図4—

7)。なお、排水は良好に保てるようにし、植え穴には有機物や完熟堆肥、苦土石灰などを入れて土壌とよく混ぜ、表土を集めて覆土し、盛り土状態にしておく。

③盛り土の中央に植付け、有機物でマルチ

園地への植付けは三月中旬~四月中旬(発芽前)がよい。粗雑に植付けると生育を不ぞろいにするため、作業はていねいに行なう。最初に植付け位置を決め、それに沿って見通しながら整然と植付ける。いたんだ根は切除し、地上部は枝が充実している位置で切り返す。苗木の細根は乾きやすく、いたみが激しいため、その後の発根力が弱くなって、初期生育を抑える。したがって植付け作業中には日光や風には決して当てないよう留意する。

植付け時には盛り土にしておいた高さに苗木が納まることを考慮に入れて穴を掘り、苗木をのせ、根は自然の方向に斜め下に交錯しないように広げ、下方から順に覆土するが、この土は表土を集めて用いる。その後は植え穴の土を全部戻し、台木部が地表面に少し出るような位置で軽く押さえ、かん水を十分に行なう。最後に支柱を立て落ち葉か枯草やワラなどを敷いて乾燥を防ぐ(図4—7)。

(4) 定植後の整枝と新梢管理

キンカンの苗木は一年生でも夏枝が伸びているし、大苗育苗したものは細長い小枝が多い。整枝法は定植後に五~六本の主枝候補を想定し、開心自然形にもっていくよう誘引する。主枝の誘引角度は広げすぎると発育を抑えるため、やや立ち気味に誘引する。主枝候補以外の枝も数年は樹冠拡大、生産量の支えになるから、込みすぎない限り切除はしない。主枝候補の枝については、芽かきや摘心など入念に行ない、側枝数を増やし、主枝の先端はほかの枝よりつねに優位に保つようにする。

大苗を定植した場合には、植付けた年にある程度の着果をみる。しかし、着果量が多いと樹冠拡大を抑え、樹形を乱し樹がいじけやすい。将来のことを考えると、着果させずに夏芽を出させて、枝数の確保をはかるのが賢明である。併行して、施肥、かん水、夏芽のエカキムシ防除はこまめに行なう。

(5) 幼木、若木の管理

①定植一年目は、生育に勢いをつける

幼木の新梢管理は、多発する新梢を芽かきや摘心などして残した枝の伸長を促し、樹冠拡大をはかることを心がける。前述のとおり、幼木時から主枝候補に支柱を立てたり誘引したり、摘果を続けてつねに枝の先端を優勢に保ち、樹冠拡大に努める。しかし、主枝候補はあくまで候補であり、あとから強い枝が伸びて主枝候補を追い抜く勢いであれば、主幹との分岐角度や、ほかの主枝との間隔、方位など勘案して、主枝候補に格上げして支柱誘引をしなおすことは一向に構わない。主枝候補から外された枝は開張し、亜主枝的役割をもたせる。この枝を切除することは樹冠拡大にマイナスであり急ぐべきではない。

定植一年目でも着果するが、栄養生長を優先する時期であり、樹勢を落とさないために全摘果に努めたい。

②二・三年目は樹冠拡大をねらう

植付けて二、三年目になると、樹冠の大きさ、葉数に応じて着果させるが、この期間も樹形の骨格をつくることに重点をおく。主枝の上部の着果は制限し、樹冠中部以下に着果させ、着果数を調節しながら樹冠拡大に力を注ぐことが将来の多収につながる。

③春芽摘心、夏芽早期芽かきで結果母枝をふやす

若木の時期までは栄養生長が盛んである。夏芽の発生が予想される樹勢の樹では、新梢（春枝）の先を摘心して早めに夏芽を発生させる。枝先から夏芽が一芽しか発生しない場合は徒長しやすいので、すぐ芽かきして複数の再発芽を促すとよい。主枝、亜主枝を育てながら側枝ははげ上がらないよう短めに、結果母枝数を増やすように心がける。この夏葉にはエカキムシが多発して奇形葉にするため防除を徹底する。

なお、下垂枝は弱く、大玉果は望めないから切除する。

④立ち枝の多い樹は誘引して開く

開心自然形の骨格づくりが若木時代に与えられた大きな役割である。ところが枝の配置が思うようにならず、調和のとれない樹ができるものである。空いた場所には採光がよいため立ち枝が徒長する

図4—8　整枝は切るだけでなく突っ張りも有効

矢印は突っ張りにした棒。開心自然形にするために立ち枝が多い場合には誘引する

ことが多く、せん定に迷う。また、数年経過した立ち枝もある。枝が豊富なところからの徒長枝（夏秋枝）を間引くのは当たり前のことだが、空いた場所を埋めることのできる立ち枝もある。発生位置、分岐角度など勘案して、よさそうな立ち枝ならば樹液流動の始まるころ、裂けないよう注意して好きな方向に誘引したのち、邪魔な枝を間引く程度にする。誘引は地面に杭を打って引っ張るか、太枝があれば図4—8のように適当な長さに切った棒を太枝のあいだに突っ張って開張する。このような工夫が強せん定を防ぎ、樹冠の拡大と着花促進につながる。

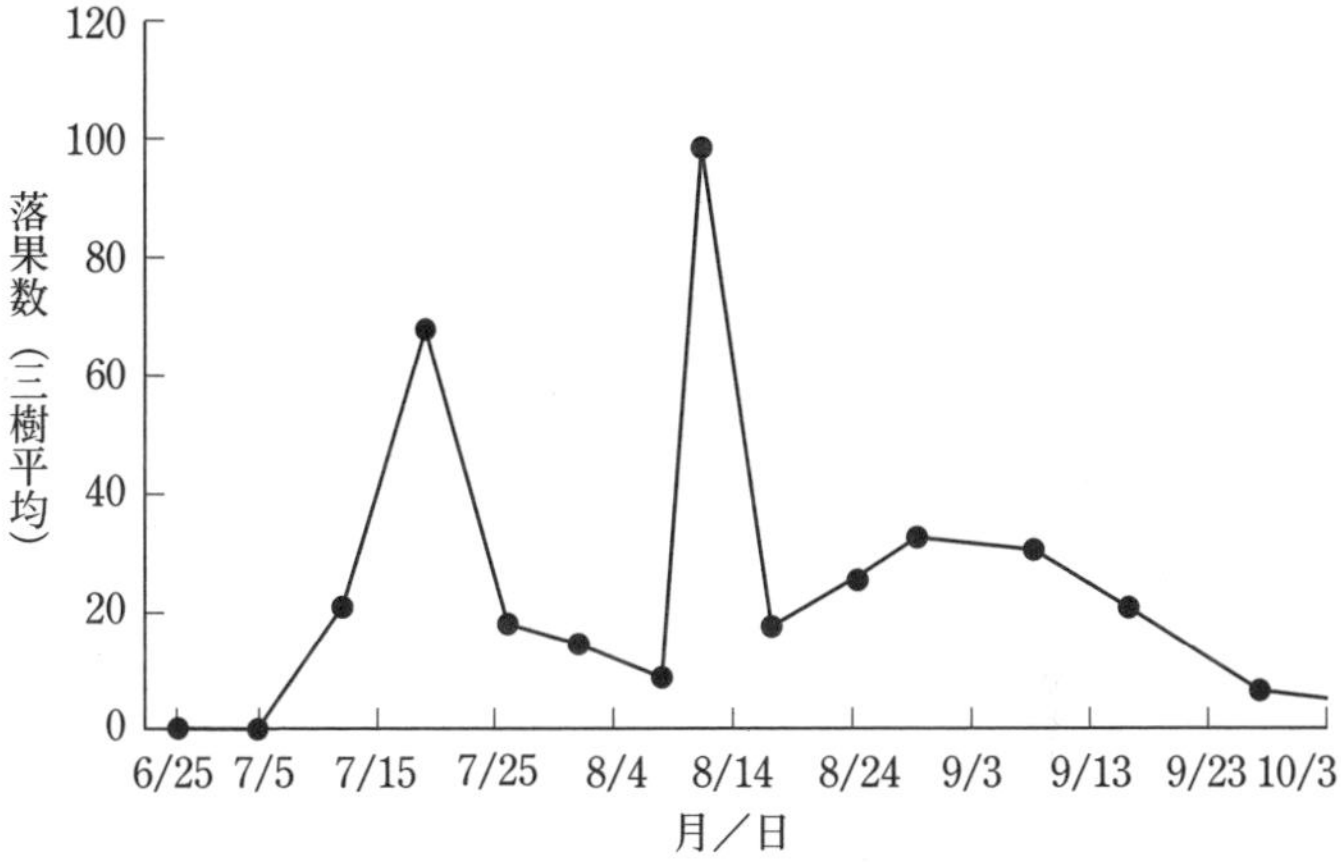

図4―9　キンカン生理落果の波相　（中尾ら，2006）
最高気温35℃以上の日から7日後までの落果が激しい。名城大学附属農場・露地栽培

3　開花結実と着果管理

(1)　生理落花（果）対策が第一の課題

①開花期で異なる生理落花（果）の程度

キンカンは同じ結果母枝（当年生の新梢）または同じ腋芽で、開花期を異にした花（宮崎の露地栽培下で七月上旬＝一番花、七月中旬＝二番花、七月下旬＝三番花が咲く）がつく習性があり、一番花が多いと二番花が少なく、三番花が多くなる傾向がある。このような習性が災いしてキンカンの開花期別の生理落果の波相はなかなか捉えにくい。実際、開花期別の生理落果を調べた資料は見当たらない。

そのなかで、名城大学の中尾講師ら（二〇

〇六）が全開花期間中を包括して調査した結果を97ページ図4—9に示した。これを見ると、開花期間中、三五℃以上の日から七日後までの落果が著しく、また一番花は着花数の割に落果数が多いこと、三番花の落果は少ない傾向がうかがえる。宮崎県亜熱帯作物支場によると、落果は開花終期の落弁期直後からはじまり、一番花では約三〇日で終息し、二番花、三番花と遅い花ほどより早く終息するとのことである。

生理落果の程度を着果率で示すと、一番花で低く、二番花、三番花で高く、また、平均着果率はほぼ一〇％、低いときは数％しかつかず、高いときは二〇〜二五％に達するようである（129ページ表4—13）。生理落果の波相を調べた中尾らの樹（三樹）では着果率は七％であった。

②生理落果の原因

キンカンには、当年生枝に着花（果）する特性があり、ふつう一番花から四番花まで咲くから、連年結果しやすい。しかし、生産者サイドから望まれている一番花の着花（果）の安定技術は確立されるまでには至っていない。生理落果の内的要因として考えられるのは、当年生枝の栄養状態と、それによる不完全花率の問題などである。

果樹は一般に枝の一部で果実を育てながら、同じ枝の一部では次年の花芽分化がはじまっている。したがって、生産量が多いと次の年は花が貧弱になりやすい。キンカンの枝の習性は異なるが、無田上ら（一九八九）がキンカンの収穫時期と翌年の着花、結実に及ぼす影響を調べたところ、露地栽培で一月以降の収穫は一番花の着花（果）量を年内収穫の試験区より半減させた。しかし、二番花の着花（果）が増えて、挽回したという。

いっぽうの不完全花の割合は一〇〜二〇％（岩崎、一九五三）というから、実用的には問題は少ない。着果率向上に著しい効果をあげたのは一番花の落弁期におけるジベレリン散布であった（下郡ら、一九八四）ことから、生理落果の内的要因の一つは子房内の内生ホルモンの低下とも考えられる。

生理落果の外的要因として、温度条件の解明が進められている。すなわち、開花期の温度と花粉発芽との関係についてである。花粉発芽率は最低一七℃から最高三二℃の範囲では落ちないが、四〇℃三時間以上遭遇させると致命的である（下郡ら、一九八六）。またハウス内で夜温を二五℃、昼温を三〇℃に設定した区は、夜温二〇℃にくらべ、一番花の着花および着果が促進され、開花期が速まり、大玉果割合と一樹当たり収量が増したという（32ページ表2—2）。

また、内門（一九九九）はキンカンの花は夜温が一八℃以下になると出蕾しても粟粒大で褐色になって枯れること、露地では一番花の時期が梅雨のため開花が不ぞろいになり、着果が不安定であるなどの経験から生理落果防止に努めている。

③開花期の気象も関係する

おもに開花期が集中する七月は梅雨後半から梅雨明けにあたり、年による気象の変動が大きい時期である。

一番花はおもに七月上旬前後に開花するが、生理落果が著しい。この原因は花器形成をはばむ一八℃以下の低温に遭遇する機会の多いこと（早期出荷型の加温栽培では保護され、着果率はよい）、またすでに地温が上がっていて、新梢伸長完了後葉の緑化がはじまると新しい細根が発生し、この新根と花（果）との養分競合が生じることなどが考えられる。これに対しては、オーキシン活性を有するフィガロンの散布が効果的であり、発根を制御し、着果率が向上することが観察されている。

いっぽう二番花は、おもに七月中旬に咲き、一番花ほど生理落果は著しくはない。これは一番花にくらべ、花芽形成に時間がかかっているぶん花器が充実しており、生理落果をおこす諸条件への耐性が備わったことも一因であろう。また一番花の着生が少ないと、二番花の着生が多い。一番花が落果すると三番花の着生が多く着果率も高い。

この三番花については気象的にみても気温が下がりはじめる時期で、花器の充実にも時間がかかり、細根伸長もピークを越えている。生理落果を促す諸条件が稀薄になり、着果がよくなる。一番花、二番花の着果量が豊富なときは三番花の着生は少なくなるが、着果率はよいため摘果の対象となる。

開花期がいつであろうと、開花期間中の三二℃以上の高温、一八℃以下の低温、降雨による受粉障害などに遭遇すると着果率は減退する。

④生理落果防止対策

以上のような生理落果を防ぐには、受粉に有利な環境づくり（採光通風改善）はもちろん、枝を開き水平に誘引して生殖生長を促す結実管理などが基本的に大事だが、作型によって取り組むポイントもある。

露地栽培では、かん水管理に注意がいる。空梅雨などで高温乾燥に見舞われた年は、かん水しなければならないが、新しい細根が伸長する時期と重なるので、下手にはやれない。よいのは開花前に敷ワラなどで蒸発を抑え、開花期間中は葉面散水する。ただしこれも着果させたい一番花とか二番花の満開時はさけたい。どうしても散水が必要な場合は、早朝に行なう。また、古いハウス資材が入手できれば簡易ハウスを設け、快晴高温日には寒冷紗などをかけ遮光し、長雨時にはビニールを被覆する

（高温に注意）。

完熟出荷型栽培では、露地栽培同様、開花期が三〇℃を超える高温期にあたるが、しっかりした施設を利用して、晴天の真夏日には遮光処理、あるいは細霧自動制御間断処理装置（近年、宮崎県亜熱帯作物支場で開発された）で温度を下げるとよい。長雨が続き冷え込むときは、最低夜温一八℃を維持するよう努める。また、乾燥が続けば敷草をして、表面に少量のかん水をする。まともにかん水してしまうと新根発生を旺盛にし、生理落果を助長するから注意したい。

早期出荷型栽培は開花期を五月に早めて夏季の異常な高温をさける作型である。この時期はまだ、地温も低い。つまりこの作型では、発根が盛んになる以前に、気温をキンカンの着花（果）に好適な環境に導くことで、一番花の着果率向上に成功している。好適環境とは正常な生育の障害となる環境

を改善することによって得られるわけで、ビニール被覆・加温がもたらす不良環境の改善も含まれる。

(2) 摘果の実際

①早期摘果はよくない

ほかの中晩生カンキツとはちがい、キンカンはあまり早い時期に摘果すると、次の花がすぐ出蕾開花して着果するため、摘果作業に手間がかかる。急がず摘果は小指大ほどになったころから極小果、傷果などを対象に行なう。

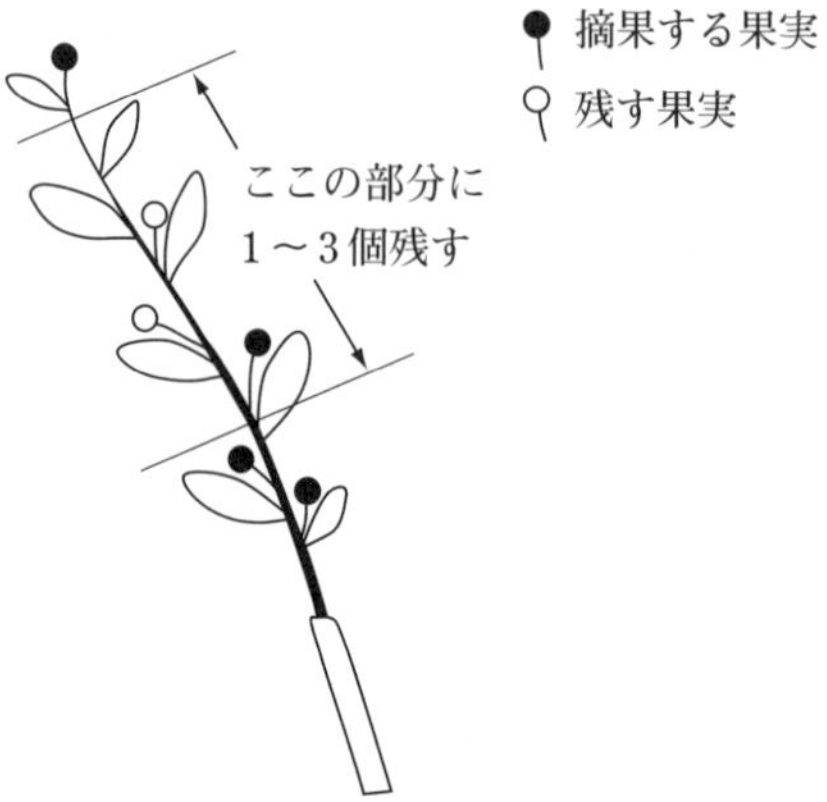

図4—10　キンカンの摘果によって果実をならせる位置　（内門）

一般に露地栽培では九月上旬～十月上旬、完熟出荷型栽培は八月下旬～十月上旬、早期出荷型栽培は八月上旬～九月下旬を中心に摘果作業を行なうとよい。なお、三番果、四番果が多くつき不要のときには摘果剤（フィガロン）が使用できる（105ページ表4—2）。

②葉果比より結果母枝長で判断

一般に葉果比は八葉に一果が基準である（図4—10）。実際には、結果母枝（新梢・春枝）の長さ、

表4―1　摘果の量と時期による玉肥大の変化

（宮崎県亜熱帯作物支場より）

摘果程度	摘果日	果実の大きさ別割合(%)				
		24mm以下	24～27mm	27～31mm	31mm以上	計
基準区	9/7	3.8	14.2	38.9	43.1	100
少摘果区		22.6	28.1	37.8	11.5	100
多摘果区		3.6	12.1	40.0	44.3	100
基準区	10/2	10.2	32.5	41.5	15.8	100
少摘果区		20.9	39.8	29.0	10.3	100
多摘果区		4.8	28.1	38.1	29.0	100
無摘果区	―	28.8	32.1	32.1	7.0	100

摘果の量と摘果の時期が果実の肥大にどれくらいの影響があるか調べた。9月7日と10月2日の基準区をくらべると，早い時期に摘果を行なったほうが大玉果が多くなることがわかる。また，摘果日にかかわらず，少摘果区では大玉果が少なく，玉肥大が悪いことがわかる

注）結果母枝の長さによって摘果の目安を変えている
摘果程度（果実は結果母枝に結実させる数）
基準区：結果母枝が10cm以内なら1果，11～20cmなら2果，21cm以上なら3～4果
少摘果区：結果母枝が10cm以内なら2果，11～20cmなら3果，21cm以上なら4果
多摘果区：結果母枝が10cm以内ならすべて摘果，11～20cmなら1果，21cm以上なら2果
無摘果区：摘果しない

太さ、角度、葉の大きさなどから判断して摘果の程度を決める。すなわち、結果母枝長一〇cm以内に一果、一一～二〇cmは二果、二一cm以上は三～四果を残している（表4―1）。ただし、十一月から大玉果を分割収穫し、残りの果実が肥大するのを待って収穫するパターンの早期出荷型栽培では、一〇～二〇cmに二～三果、

二一～三〇cmに三～五果をつけている。

③一節には一果しかつけない

摘果の対象となるのは、風傷・日焼け・病虫害果、極小果や奇形・扁平果が優先される。キンカンでは一葉腋に二果もつくこともあり「二個成り果」と称しているが、競合して大玉果にはならないから、これも優先して摘果する。また、頂上果は肥大や品質が劣るから摘果し、先端に近い果実を残す（102ページ図4―10）。

④天成り果は摘果を遅らせる

樹勢の強い樹では樹冠上部にいわゆる天成り果（頂上果の一種）が上向きに着果する。品質的には日焼け、す上がりになりやすいから摘果したい。しかし九月中に摘果すると秋芽が出て、その枝は栄養生長に走りやすい。したがって秋芽が出にくい十月以降の仕上げ摘果か樹上選果の意味で除去するとよいようである。

(3) 植物生長調整剤の利用

キンカンでは、現在フィガロンとエスレルの二種の植物生長調整剤（植調剤）が認可されている。

①摘果剤のフィガロン

フィガロンは一般名をエチクロゼートといい、天然の植物ホルモンのなかのオーキシン活性を示す

表4−2　フィガロンのキンカンに対する使用法

使用目的	希釈倍数	使用液量	使用時期	本剤の使用回数	使用方法	総使用回数
三番果の摘果	1,000 〜 2,000倍	葉先からしたたり始める程度(250〜500 l/10a)	三番果の満開4〜7日後	1回	立木全面散布	4回以内(1,000倍希釈散布は2回以内)
四番果の摘果			四番果の満開4〜7日後			
熟期促進	2,000 〜 3,000倍		1回目：満開50〜90日後 2回目：満開70〜110日後　ただし，収穫21日前まで	2回		
夏秋梢伸長抑制	1,000 〜 2,000倍		新梢萌芽期，ただし，収穫60日前まで	1〜2回		

注）総使用回数はエチクロゼートを含む農薬の総使用回数

物質である。古くからウンシュウミカンの摘果剤、熟期促進剤、浮き皮軽減剤としてなじみが深いが、キンカンでは認可されて間もな

表4−3　キンカンに対するフィガロンの処理濃度試験　（鹿児島果試南薩支場）

濃度	着花（果）数		落果率(%)
	散布前(8/25)	散布後(9/13)	
1,000倍	32.3	1.7	96.7
2,000倍	33.3	5.0	85.1
無処理	23.7	15.3	36.3

注）満開後の7日目散布

表4－4　エスレル10のキンカンに対する使用方法

使用目的	使用時期	使用回数	希釈倍数（倍）	散布液量（l/10a）	使用方法
着色促進	着色始期	1回	500～800	200～300	立木全面散布

注）高温（24℃以上）の散布は薬害が生じるおそれがあるので，散布量に十分注意すること

いため散布の経験が少ない（105ページ表4―2）。

まず、鹿児島大学でキンカンでの摘果効果が認められ、その後、鹿児島県果樹試験場で追試（105ページ表4―3）、宮崎県亜熱帯作物支場でも実用化試験を行ない、二番果か四番果を対象に一〇〇〇～二〇〇〇倍液を満開の四～七日後に散布すると摘果効果のあることが認められ、使用認可がおりた。三番果か四番果のどちらかに使用する。

ほかにも熟期促進、夏秋梢伸長抑制にも使えるので、樹勢の強い園ではこのように使いたい。

②着色促進剤のエスレル

エスレル10は一般名をエテホンといい、水に溶かすことによって天然の植物ホルモンであるエチレンと同じ着色促進作用を現わす物質である。ポンカン、タンカンと同様、着色促進剤として認可されている（表4―4）。ミカンでは以前に同じ目的で試験されたが、エチレンによる葉柄の離層形成のほうが早く現われ落葉することがわかり、実用化するには至らなかった。キンカンの着色は明らかによくなるが、このような作用性をもっているから、濃度や散布量など、使用法を厳守してほしい

表4—5　露地キンカンに対するエスレルの処理濃度のちがいと着色効果と落葉（果）率　（宮崎県亜熱帯作物支場）

濃度	12月16日のa値		1月5日のa値		落葉（果）率（%）		
	果頂部	果梗部	果頂部	果梗部	新葉	旧葉	果実
500倍	17.2	16.0	25.4	20.3	2.7	37.5	0.1
800倍	14.7	14.6	25.3	19.3	3.0	22.3	3.3
無処理	7.0	6.1	12.3	10.1	1.2	10.6	1.8

注）色差計a値の大きいほど果皮色の紅が濃い。処理時期の着色歩合は主に3.5〜4分

（表4—5）。また、散布時期は着色始期とあるが、早すぎると裂果が多くなる傾向があるから、三分着色時まで待ったほうがよい。ハウス内での使用であれば午前中にビニールを全開して散布し、その後は気温が二四℃より上がらないよう管理し、三日目には葉

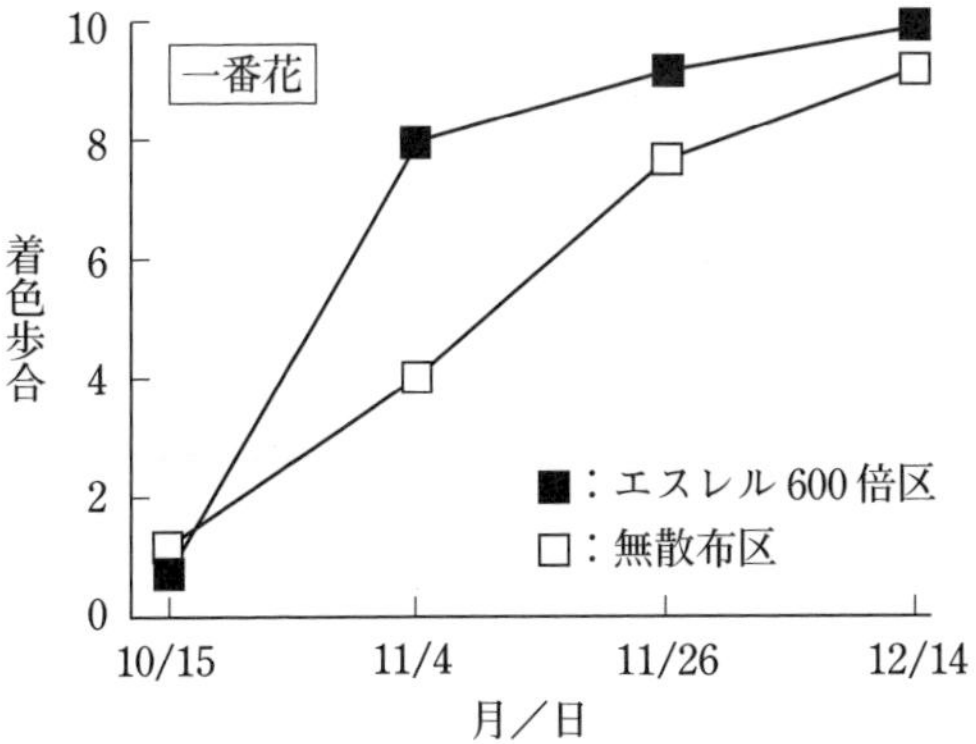

図4—11　加温ハウスキンカンに対するエスレルの着色促進効果　（鹿児島県果試）

処理時，三番果の着色歩合は0であったため，効果は半減した

水をして落葉防止に努める。不慮の降雨に見舞われても再散布はできないので、ビニール被覆できるように準備しておく。また、湿度が低いと効果が出にくいのでかん水しておくなど、エスレルの性質を知って使いこなす構えが必要である（107ページ図4—11）。

4　収穫と出荷

(1)　収穫時期と収穫法

①収穫時期の判断ポイント

開花後約一五〇日で成熟期に達するが、秋季から保温した場合は二〇〇～二一〇日で完熟する。一般に産地のJAの指示で出荷割り当てがあり、JAの出荷基準に沿って収穫をしている。出荷基準は全国統一されておらず各県や産地で異なり、市場や消費者の信頼を損なうことが懸念され、早急に統一することが望まれる。全国最大の出荷量を誇る宮崎県の出荷品名とそれぞれの基準を表4—6に紹介する。完熟キンカンの収穫果の判断は大玉果（L＝果径二・八～三・三cm、以上）で、果皮は紅がのり、油胞の透明度が増したころとみてよい。

表4−6　キンカンの出荷品名の内容（JA宮崎経済連）

完熟キンカン（1〜3月）	ハウスで栽培され，果頂果皮部でBrix17以上の果実生産を目的とし,満開後210日を目標として収穫する（完熟出荷型栽培により出荷された果実） 品質などの関係から6月20日よりも早く開花しない作型のものとする そのうち,“たまたま”は果頂果皮部Brix20以上とする。“まるかじり”は果頂果皮部でBrix17以上とする カラーリング（ガス処理）は絶対にしない
温室キンカン（11〜12月）	ハウスで栽培され，果頂果皮部でBrix13以上の果実生産を目的として，満開後180日を目標として収穫する(早期出荷型栽培により出荷された果実) カラーリング（ガス処理）は絶対にしない
キンカン（11〜3月）	露地栽培により生産された果実が主体。ただしハウスで栽培され，温室キンカン，および完熟キンカン“まるかじり”の基準規格に満たないもの カラーリング（ガス処理）は絶対にしない

②園・樹、着果位置や開花期で大きい品質差

園地別あるいは同一園地内の植栽位置のちがいなどで果実品質の差が現われる。標高、土質、管理技術の差とか、ハウス栽培での暖房機付近と外周のちがいなどが影響している。また一樹内においても、樹冠上部は高糖低酸で、下部や内部になるにしたがい低糖高酸になる傾向がみられる。これは、まさに光環境の良否が左右している。キンカン特有の一番果〜三番果など開花期にちがいがあるのと並行して、熟度の差が生じて品質差につながる傾向がある。

③園地、熟度、大きさごとに分割収穫

キンカンは小果実で収穫に手間がかか

るが、これまで述べてきたように一斉に収穫すると品質に大差を生じ、消費者の信頼を損なう。したがって面倒でも収穫期が近づけば、園地をまわり、果実肥大や熟度の進み具合を的確に把握し、園地区分をする。収穫はそれをもとに行なうが、一樹内でも果実内容が異なるから、樹冠の上部、赤道部、下部、内成りなどに分けて収穫して、品質の混同を防ぐ。

④収穫は二度切り、収穫カゴはクッションつきに

収穫は面倒でもミカン同様に果柄を切って収穫したあと、実のヘタに残った果柄をきれいに切り落とす「二度切り」を行ない、切り口は水平にする。打ち身や圧迫傷を非常に受けやすいため採果袋はさけ、クッションをつけるように採果カゴにスポンジやマットを張って用いる。また、採果カゴからコンテナへの移しかえや運搬にあたっても細心の注意が必要である。ミカン収穫用コンテナは深いので厚手のスポンジを底に敷き、さらに五～六分目程度にしか果実は入れないよう工夫する。

(2) 選果・包装と出荷

①出荷基準と選果

宮崎県産のキンカンには高級ブランドの完熟キンカン〝たまたま〟、ついで完熟キンカン〝まるかじり〟、早期出荷型栽培で生産された〝温室キンカン〟などがある。これらが高品位果実として、キンカンが消費者に認められた牽引力となっている。

表4−7　キンカンの出荷　（JA宮崎経済連）

品名	出荷時期	基準	品位
完熟キンカン“たまたま”	1〜3月	糖度：Brix20以上 クエン酸：1.5%以下を目標とする 着色：完着（カラーチャート8以上）。果梗部のグリーンが抜けていること	A
完熟キンカン“まるかじり”	1〜3月	糖度：Brix17以上 クエン酸：1.5%以下を目標とする 着色：完着（カラーチャート8以上）。果梗部のグリーンが抜けていること	A B C
温室キンカン	11〜12月	糖度：Brix13以上 クエン酸：1.5%以下を目標とする 着色：完着。果梗部のグリーンが抜けていること	A B
キンカン	11〜3月	糖度：− クエン酸：− 着色：完着	A B C

《測定法》
・樹の赤道部分の果実を使う
糖度：果頂部の果皮汁を，屈折糖度計で測定
クエン酸：ハンディジューサーで果実全体を強く搾った搾汁液を測定
《合否判定》
・園地検査で10個中10個「糖度」基準をクリアしたもの
・荷受時検査で10個中8個以上「糖度」基準をクリアしたもの
《品位基準》
A：形状良好で日焼け・病虫薬害・傷のないもの
B：形状はA品に次ぎ，日焼けがなく、病虫薬害・傷の軽微なもの
C：形状はB品に次ぎ，日焼けがなく、病虫薬害・傷が目立たないもの

表4－8　キンカンの出荷規格（荷姿・容量と階級）（JA宮崎経済連）

品名	荷姿	容量	階級（未満〜以上）				備考
			3L	2L	L	M	
完熟キンカン“たまたま”	化粧箱	1kg･3kg	3.7cm以上	3.7〜3.3cm	×	×	横直径基準
	パック	250g	3.7cm以上	3.7〜3.3cm	×	×	横直径基準
完熟キンカン“まるかじり”	化粧箱･DB	1kg	3.7cm以上	3.7〜3.3cm	3.3〜2.8cm	×	横直径基準
	DB	3kg	3.7cm以上	3.7〜3.3cm	3.3〜2.8cm	×	横直径基準
	パック	250g	3.7cm以上	3.7〜3.3cm	3.3〜2.8cm	×	横直径基準
温室キンカン	DB	4kg	3.7cm以上	3.7〜3.3cm	3.3〜2.8cm	×	横直径基準
	パック	300g	3.7cm以上	3.7〜3.3cm	3.3〜2.8cm	×	横直径基準
キンカン	DB	4kg	3.7cm以上	3.7〜3.3cm	3.3〜2.8cm	2.8〜2.4cm	横直径基準
	パック	300g	3.7cm以上	3.7〜3.3cm	3.3〜2.8cm	2.8〜2.4cm	横直径基準

注）DB：段ボール箱

近年、果実の糖度、酸度を非破壊で測定して品質を区分する光センサー選果機が普及しているが、キンカンには用いられていない。したがって、消費者が安心して購入できるキンカンを供給するには、目標とする出荷基準を収穫する一人ひとりが把握して、適合する果実を選果しながら収穫しなければならない（111ページ表4―7）。単なる出荷基準を競うだけの素人的なやり方ではよくない。

また収穫した果実は、果実の大きさ、果皮色の濃さ（カラーチャート八以上）、糖度一六〜

一八度（早期出荷型栽培の〝温室キンカン〟では一三度以上）など、キンカンのベテラン農家が光センサーを代行するように評価して、消費者の信頼を得ているところもある。

②規格と階級

キンカンの規格は外観の差で「秀」または「A」、「優」または「B」、「良」または「C」などきめ細かに分類して販売される。階級についても宮崎県では統一されており、果径S（二・三cm以下）、M（二・四〜二・八cm）、L（二・八〜三・三cm）、2L（三・三〜三・七cm）、3L（三・七cm以上）となっている（表4―8）。

キンカンで大玉果というのはLサイズ以上を指し、それ以下は価格もきびしく、露地栽培の大玉化生産が実現しはじめたことは喜ばしいことである。産地によってブランド商品として出荷検査基準を設け、登録商標をもっているところもある。

③包装・荷姿と出荷

〝たまたま〟〝まるかじり〟などの高級ブランドものは一kgの化粧箱からある。〝温室キンカン〟、レギュラーものの〝キンカン〟では段ボール箱の三〜四kg入りのばら詰め、各銘柄ごとに三〇〇g入りのパック詰めなどがあり、段ボール箱の四kg入りなど、デパート、スーパーなどでは赤色のネットに詰めなおして商品を賑やかに並べている。包装・荷姿は県や各産地の顔でもあるからそれぞれ意匠をこらしている。

5　樹体の健康維持と管理

(1)　土壌管理と有機物施用

①地表面は敷ワラや草生栽培で管理

露地栽培園の大部分は傾斜地にあるため、梅雨期などの豪雨の多い時期は表層肥沃土の流亡を防がなければならない。近年は除草剤使用による裸地化が進んでいるが、表土の流亡のほか有機物を補う意味でも、土壌管理への配慮が大切である。そのための方法としては、敷ワラや敷草および草生栽培（ナギナタガヤ草生や雑草草生）がある（図4—12）。ワラを入手しにくい場合には、敷草と草生栽培の折束法がキンカンにとっては望ましい。

斜面や樹間は草生、樹冠周辺にはその刈り草を敷くやり方で、刈り草はすべて園内で利用する。樹の周辺は、キンカンの細根が多く、草生だと養水分の競合をおこし好ましくない。開花期にあまり乾燥すると結実不良になるので、開花期前には草刈りし、根まわりに敷草をする。

ほかの作型でも敷ワラや敷草は表土を保護し高温乾燥を防ぐから、開花期前より励行したいものである。

②地下部は物理性の改良を重点に

キンカンは商品性の面で大玉果生産が重視されることから、根群分布を拡張して樹勢を強める必要がある。そのために有効なのが積極的な土壌改良である。

細根の発育に必要な条件としては、根が呼吸するための酸素が土壌空気中に十分あること、乾燥や排水不良による滞水の害がないことなどである。そのためには有機物施用により三～五％の腐植を含ませて土壌構造を団粒化させ、土壌の物理性、つまり通気性、透水性、土壌硬度などを改善する。

図4—12　キンカン傾斜園の草生栽培

キンカンは多肥栽培が進み、土壌酸性化や細根の肥焼けも認められる。この意味からも有機物施用を行ない、土壌の緩衝能を高めてやる必要がある。また、大玉果生産の基本は根の健康維持にあり、つねに根圏環境は良好でなければならない。したがって肥料よりも地力に依存する割合を高めたい。収穫直後から、完熟堆厩肥や土壌改良資材、石灰質資材を計画的に施用する。堆厩肥などの有機質資材は年に一〇a当たり二～三t程度は施したい。なお市販の堆肥は完熟堆肥といえども園地の隅に一年間ぐらい堆積（シートを被覆する）してから用いる。

(2) 施肥の時期・方法と施肥量

①一年に三～四回施肥する

キンカンの施肥の回数や時期は作型や産地によって多少の相違はあるが三～四回で、時期は収穫後、または加温前の二月上旬～三月中旬に春肥を、着果確認後（満開三〇日目ころ）の七月中旬～八月に夏肥を施す。この後、果実が肥大し、樹勢の様子から肥切れがみられたら（多くは九月中旬）、速効性肥料を施す。そうでなければ夏肥後は、果実肥大後期の十月中旬～十一月上旬に秋肥を施している。

施肥の方法は根が園地全体に伸びている成木園では全面に、幼木～若木では樹冠の広がりより多少広めの範囲に施用し、浅く土と混和する。肥料は土と混和することによって肥効が高まるが、根を多く切ると遅効きしてしまうので注意する。夏肥では肥料を撒くだけにする。いずれの施肥時期でも土壌が乾燥していたら十分かん水を行なう。

石灰質資材は堆肥埋没後土壌に馴じんだころに、苦土石灰、苦土入り有機石灰（カキガラ）を一〇〇kg／一〇a施用を基準に、土壌pHと土質の程度によって加減するが、土と混ぜるのが理想的である。石灰質資材は化成肥料と一緒に施してはいけない。

②夏肥の施し方

地力の補強は、元来根の動きが停止している低温期の土壌改良と春肥（基肥）が大きな役割を果たしている。夏肥は、幼果のいわゆる玉肥（追肥）として不足分を補うべきもので、キンカンではその役割の比率は軽い。しかし、施肥時期が早かったり、施肥量が多かったりすると、この時期がちょうど、新根伸長のピークであることから、根と幼果との養分競合をまねく。その結果、生理落果が助長され、三番花、四番花まで影響するので注意したい。

夏肥は速効性肥料を用いるが、最小限の施用量とし、適切な状況判断のもとで臨機応変に対応することが必要である。

表4―9　10a当たり施肥量（kg）

（宮崎県果樹栽培指導指針）

樹齢	収量	N	P_2O_5	K_2O
3年生以下	0.5	15	13	14
5年生	1.5	22	19	16
7年生	2.5	25	22	19
成木	3.0	30	25	21

1月に完熟堆肥2t/10aを施用する

表4―10　時期別施肥割合（％）

（宮崎県果樹栽培指導指針）

樹齢	春肥	夏肥		秋肥
	3月中旬	5月上旬	8月上旬	11月上旬
3年生以下	35	15	15	35
5年生	35	15	15	35
7年生	35	10	15	40
成木	35	10	15	40

表4―9、表4―10に露地栽培の施肥基準（宮崎県）を掲載したので参考にしていただきたい。

(3)　葉面散布の実際

①ねらいと効果

カンキツ類が要素欠乏を示したとき、その養分を土壌に施すよりも、水に溶かして葉面散布するほうが早い回復が期待できる。また、

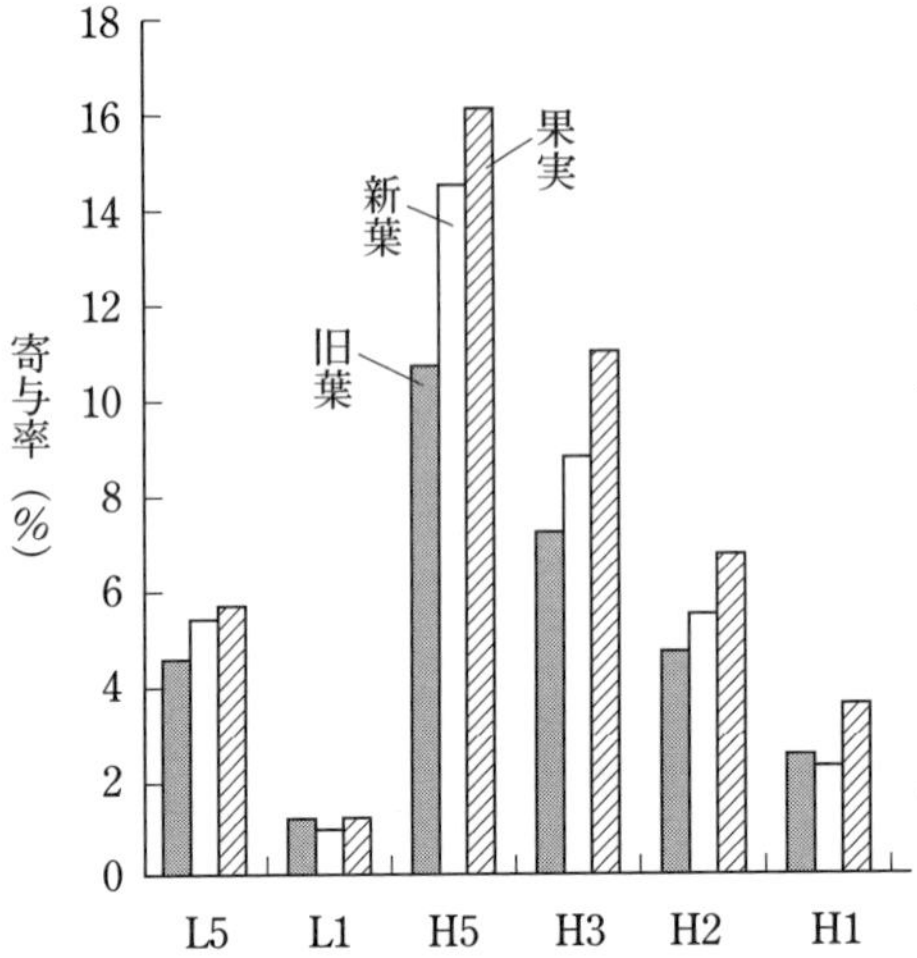

処理内容

記号	濃度・回数
L5	500倍・5回
L1	500倍・1回
H5	200倍・5回
H3	200倍・3回
H2	200倍・2回
H1	200倍・1回

葉面散布は5日おきに行なう

図4―13　尿素の葉面散布回数および濃度による寄与率のちがい
（吉川）

葉面散布は回数が多いほど効く

肥料要素が不可吸態化し土のなかで効きにくい形になっている場合、要素間の拮抗作用（たとえば、カリが土に多いと石灰やマグネシウムの吸収が妨げられるなど）や過乾、過湿、病虫害などで根の養分吸収が低下した場合、あるいは収穫後地温が低くて（根の伸長は一二～三五℃で二六℃前後が最適）根からの養分吸収による樹勢回復が急がれるときに、この葉面散布は有効である。散布回数は多いほど効く（図4―13）。

現在では樹体の健康維持のため、要素欠乏の予防や新梢、花芽の充実、着果率向上、果実肥大、着色促進などの目的で積極的な利用がすすめられている。

②種類と使い方

キンカンでは着果過多にともなうマグネシウム欠乏が発生しやすく、火山灰土壌ではとくに多い。サプリメント（健康補助資材）としては多要素が含まれる葉面散布剤（メリット青・赤やジャップルなど）の散布で予防するが、マグネシウム欠乏の予防にだけしぼると硫酸マグネシウムとか、専用の資材（葉面マグなど）を用いる。樹勢回復のための単剤といえば尿素になる。その他の栄養補給用を対象にした葉面散布剤も多い（表4―11）。

表4―11　一般的な葉面散布剤の種類および使用濃度

（高辻）

要素	種類と使用濃度	
チッソ	尿素	0.5%
リン酸	第一リン酸カリ	0.3%
カリ	第一リン酸カリ	0.3%
カルシウム	塩化カルシウム	0.4%
マグネシウム	硫酸マグネシウム	2.0%
鉄	硫酸第一鉄	0.2%
マンガン	硫酸マンガン	0.3%
亜鉛	硫酸亜鉛	0.3%
ホウ素	ホウ砂	0.2%
銅	ボルドー液	—
モリブデン	モリブデン酸アンモン	0.02%

薬害防止のため，硫酸マンガン，硫酸亜鉛，ホウ砂には等量の石灰を加用する

葉面散布用資材は速効性のため、わずかに欠乏症状が表われたら即刻散布したほうが効果的である。回数は多要素入りの葉面散布剤と尿素、カルシウム水和剤は三回以

上で効果が顕著であるが、単剤としてのマンガン、亜鉛、ホウ素などの資材は石灰等量加用の一回散布でよい。また散布の最適濃度は散布時期により異なり、標準とされる濃度よりも、高温・乾燥条件下（夏季やハウス内）では一・五～二倍薄くしたものを散布すると過剰障害がおきにくい。銅は一般にボルドー液を用いる。濃度は製剤の使用法に従う。

(4) かん水のねらい・効果とその実際

①かん水のねらい

キンカンは果実肥大の期間中、適度の土壌水分で果実の発育を促さなければならない。ミカン成木園の例だが、一〇a六六本植えの場合で、真夏は一カ月八〇t強、一年間で五五四tもの水が樹から蒸散している（表4―12）。実際にはそれ以外に園の地表面からも蒸発しているわけで、合計した水量を蒸発散量というが、六～九月は月に一〇a当たり約一〇〇t、十二～二月の冬季でも三〇t前後の水分が失われている。

かん水は十分な水分量を土壌に補給し、根の働きを健全に保つのが大きなねらいである。

②かん水の三大効果

●果実の肥大を促す

キンカンの果実肥大は満開から三カ月の期間で全肥大の八〇％、四カ月で九〇％程度を占める。満開期にたっぷりとかん水すると新根伸長に拍車がかかり生理落果を助長するため、生理落果が止まったころ（満開三〇日前後）から本格的なかん水を行なう。いうまでもなく、空梅雨で乾燥が続くと着果に影響するため、開花期に入る前から臨機応変にかん水する。

果実肥大が盛んな真夏から初秋にかけてのかん水は、大玉果実生産に欠かすことのできない作業である。

●着色促進

果実肥大期のかん水は肥料の遅効きによる着色遅延を防ぐ。日照に恵まれると、栄養の行き届いた幼果はクロロフィルが増して濃緑色となるが、完全着色に至る過程でカロテノイドが増し、紅の濃い果実に仕上がる。

表4—12　ミカンの月別蒸散量と蒸発散量（t/ 10a）

	A 蒸散量	B 蒸発散量
1月	18.8	28.5
2	12.9	28.8
3	17.7	36.5
4	28.6	53.5
5	28.7	57.2
6	72.8	90.2
7	82.7	101.0
8	85.7	101.4
9	78.0	82.8
10	66.9	68.9
11	38.6	42.4
12	22.6	32.9
年計	554.0	724.1
調査者	倉岡	鳥潟

注）Aはミカンの樹から蒸散する水の量を示す。
　Bは地表面から蒸発する水量をAに加えた量を示す

●高糖減酸の効果

かん水により土壌水分を十分保持（pF二程度）できれば、光合成速度が最大になることが知られている（122ページ図4—14）。糖度を向上させるには光合成産

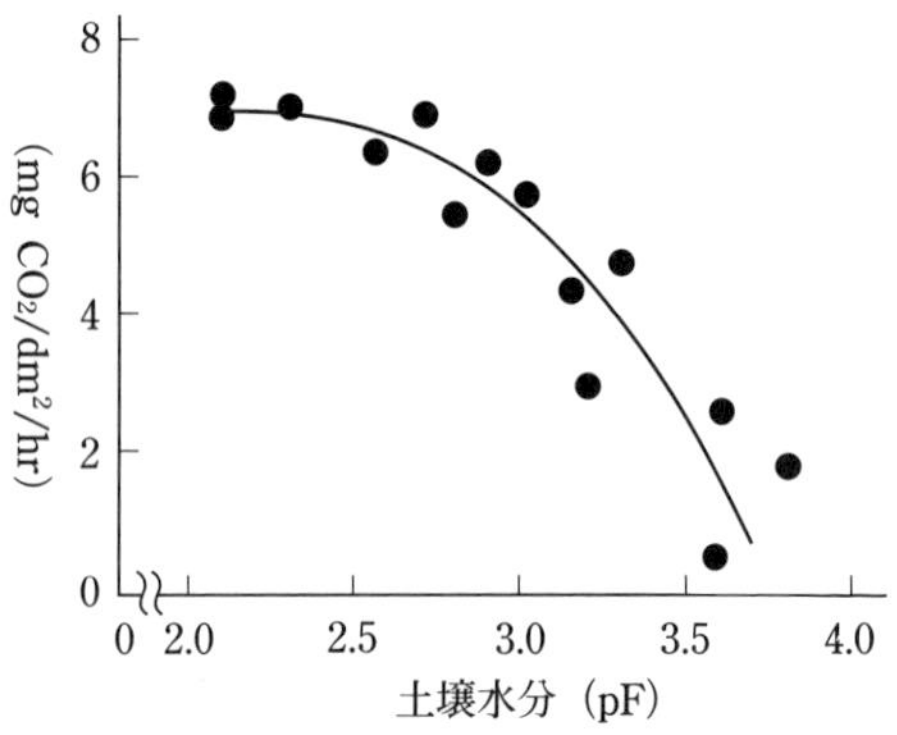

図4―14　土壌水分と光合成　（小野）
かん水は光合成を促す効果がある

物の供給源となる葉がよく働き、ショ糖が果実という需要部に多量に転流することが必要で、かん水はこの作業を促している。キンカンの成熟初期に節水（少量かん水）するのは光合成能力が低下しない程度に水分ストレスをかけ、糖分の濃縮をおこさせるためである。

いっぽうでかん水は、クエン酸の合成酵素の活性期である満開六〇日前後に十分なかん水を行なうことでこの働きを抑えて減酸させる。またクエン酸の分解酵素の活性期（一果当たりのクエン酸総量（mg）がピークに達する時期、果実肥大後期）にさらに十分なかん水を行なうことでこの効果は促される。状況によっては、速効性の化成肥料を追肥して果実肥大にラストスパートをかけることで、よりいっそうの減酸効果があると考えられる。これはほかのカンキツで研究された報告にもとづくものだが、キンカンでも経験上うなずける面がある。

③過かん水は逆効果

大玉果実生産重視といって頻繁にたっぷりとかん水を行なう人がいる。しかしこれは逆効果になる場合がある。

土壌団粒構造の三相分布（気相、水相、固相）のなかの気相を、停滞水が占領して根を呼吸困難にしてしまい、樹体を生理的乾燥状態に陥らせてしまうからである。これでは、前述のかん水効果はまったくの逆効果になる。

健全な根を育てることがかん水によるいろいろな効果につながるのである。このことをふまえ、粘質土壌、水田転換園などは土壌湿度（水ではない）と気相の保持を念頭において、その園地に適したかん水方法に見直す必要がある。

④かん水のやり方のポイント

露地栽培では、一般に晴天が一週間（曇天日は加算しない）続けば一回三〇mm（三〇t／一〇a）程度のかん水をする。果実の退色期（着色初め）から収穫期までは、少量かん水で適湿を保つが、収穫一カ月前には表土が湿る程度（pF二・六〜三・〇）に制限する。このねらいは糖度の上昇にあるが、乾燥がすぎると肥大や減酸が停止し、品質低下をまねくと同時に、根群がいたむため注意する。

ハウス栽培では、発芽前から新梢伸長停止期にかけては、新梢や花蕾の生育をそろえるため、高土壌湿度（深さ一五cm前後でpF二・〇〜二・三）、つまり十分なかん水を行なうとよい。気温が低いこともあり、かん水期間は長く、敷ワラなどマルチ資材を使用すれば、土壌湿度は長期にわたり保持される。しかし、施設栽培下では高温により蒸発散が促されるため、つねに土壌の湿りぐあいには注意し、乾燥しないよう心がけたい。

開花期に入ると、やや乾燥させ、着果促進および灰色かび病防止に努める。

高温期に入る生理落果期以降から後期肥大終期（着色初期）にいたる果実発育期間中は、果実肥大と減酸を促すために、根群域を高湿（過湿は厳禁）に保つように、乾燥したときにだけかん水を行なう。かん水にはホースかん水、省力効率化をはかるためのスプリンクラー方式や配管点滴方式などがあるが、要は根群域へくまなく水分が到達するよう配慮することが肝心である。表土が足跡などで固まると水が届かないことがあるから、敷ワラ、敷草をぜひ行ないたい。

6　成木の整枝せん定と樹形管理

(1)　開心自然形を基本に緑枝を確保

①消費者が求める大玉果をつくるには

キンカンの樹は放任すると、ほうき状の樹形になり枝は細く密生する。カンキツの専門書をみると、このような放任樹でも果実は一〇g内外、大きいもので一二g内外（ニンポウキンカン）になると記されている。キンカンは豊産性で、放任状態でも毎年着果するつくりやすい果樹である。しかし近年

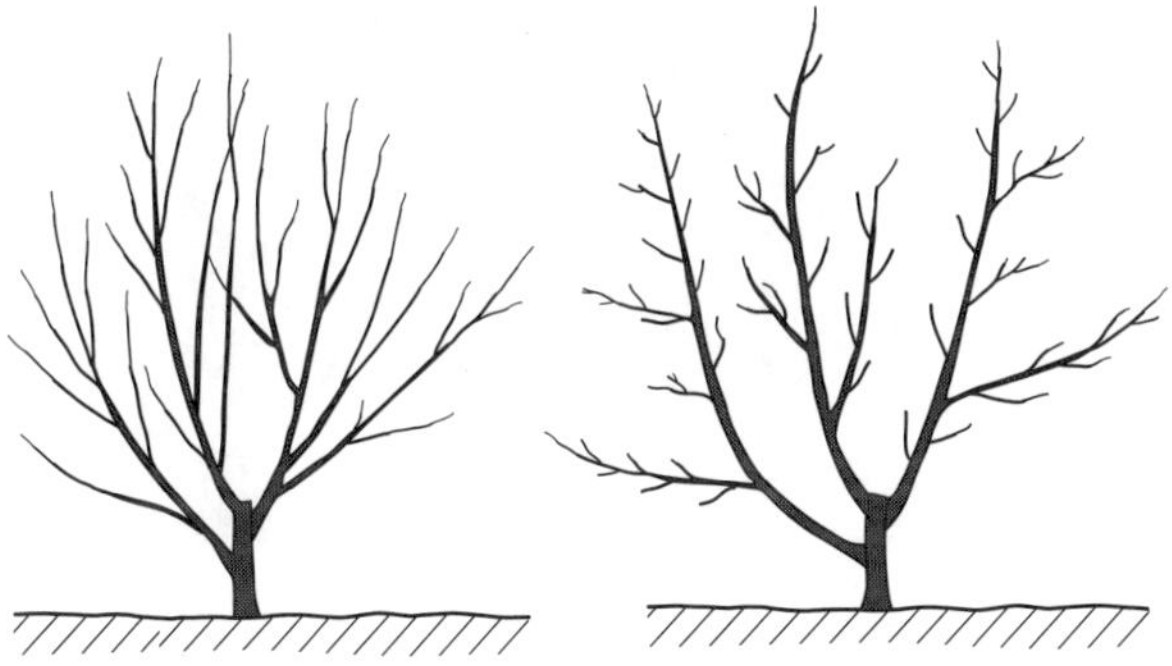

側枝を伸ばしっ放しにしたり，側枝の間引きが不足したりするとおきる

長い側枝を短く切って主枝の周囲に短く維持し，不要な側枝は枝もとから間引いてすっきりとさせた状態

図4―15　若木では整枝を基本にして光条件を考えたせん定をする　（卯辰の図を一部改変）

経済栽培が盛んになるにしたがい、大玉果（横径二・八〜三・三cmで二三g以上）が求められるようになっているため、放任樹でとれる小玉果では売れにくい。

大玉果の評価の高まりと併行して生産技術もほぼ確立した。その生産技術向上の一つに整枝せん定があげられる（図4―15）。

②開心自然形で樹冠内部へ光を届ける

若木の時代までに主枝候補を五〜六本育て、成木に達すると主枝の勢力と方向などから三〜四本を育て、開心自然形にもっていく。樹形にこだわりすぎて強せん定しては樹勢を

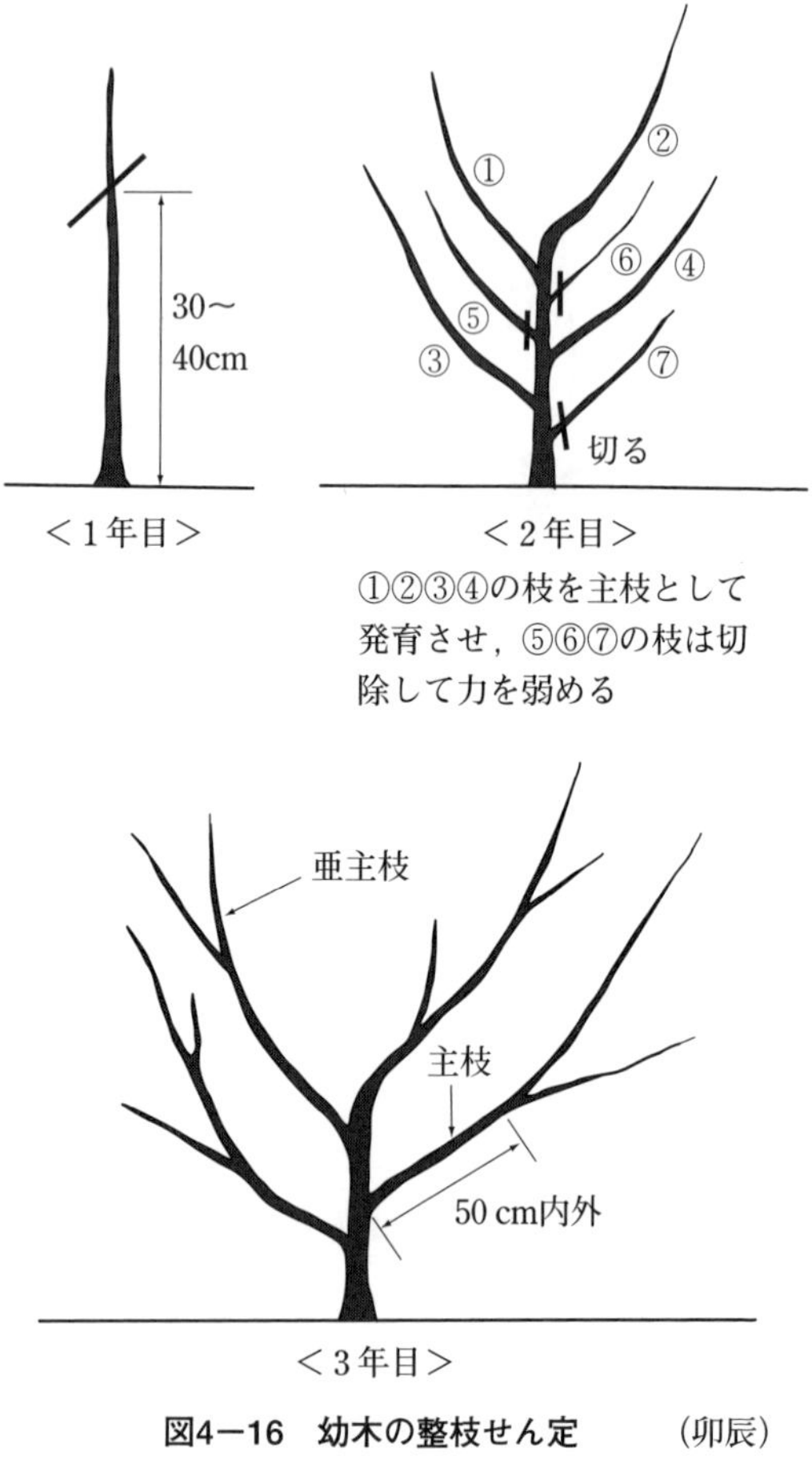

①②③④の枝を主枝として
発育させ，⑤⑥⑦の枝は切
除して力を弱める

図4－16　幼木の整枝せん定　　（卯辰）

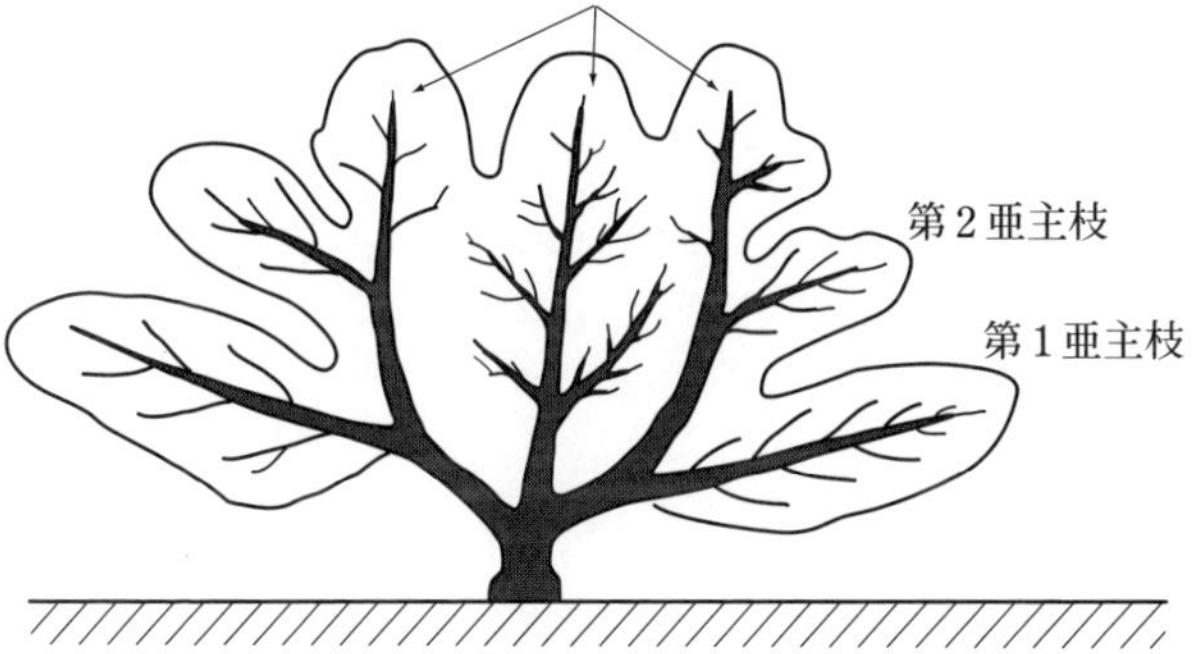

図4―17　成木の開心自然形
樹冠内部への採光改善に努める
亜主枝が重ならないよう主枝を立て，亜主枝は新梢・果実の重みで水平になるように仕立てる

損なうので、数年かけて骨格を完成させる（図4―16）。主枝が定まったら主枝の分岐部から五〇～六〇cmほどの位置に出た方向のよい元気な枝を亜主枝として育てる。これを第一亜主枝と呼ぶ。その上方五〇～六〇cmほどの第一亜主枝と重ならない方向にある枝を第二亜主枝に育てる。両亜主枝は水平よりやや上向きに伸ばし、果実重で水平近く下がると支柱をして先端の勢力は維持する。

主枝を開張しすぎると、亜主枝と重なりやすくなるし、亜主枝と勢力争いがおこる。第一亜主枝との分岐部付近から主枝は上に真直ぐに伸びるよう仕立てるとよい。

主枝や亜主枝を強く育てるもとは採光のよい葉の量であるから、主枝や亜主枝から直接発生した側枝（緑枝群）は大切にする。ただし主枝・亜主枝の座を奪う勢力にはならないよう、上向き、内向きの枝は間引きし、横・外方向で分岐角が狭くない側枝を育てることである。その側枝も古くなったら間引くなどして、樹冠内部まで光線を入れ新しい緑枝を確保するようにする（127ページ図4―17）。

樹形・樹姿を見ると栽培技術のレベルがわかる。また骨格が確立している樹ほど、成木になってもせん定に時間がかからない利点がある。

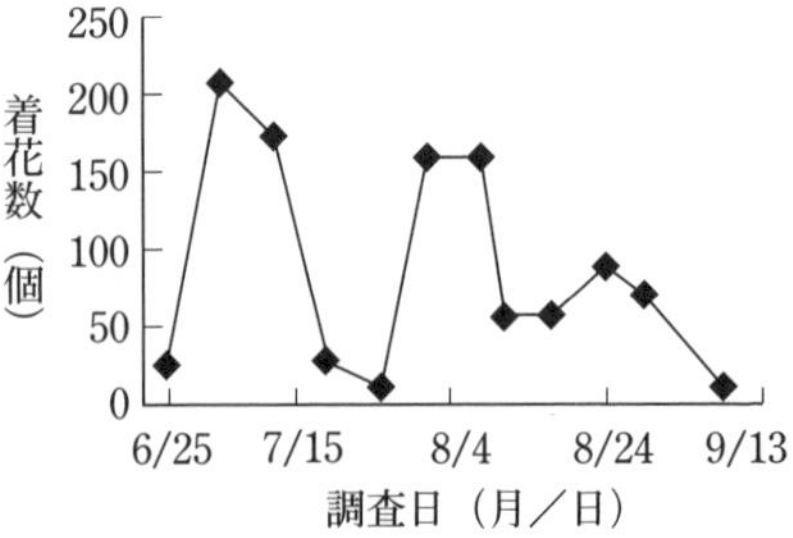

図4―18　キンカンの調査日ごとの着蕾・着花数（中尾ら，未発表）

(2) せん定は結果習性を念頭において

キンカンのせん定技術は、その特異な結果習性と結実管理が絡みあってなり立っている。

以前はキンカンの「開花期は五月ころ、六月末～八月ころ、十月ころと三期がある」とか、「年に三回開花する。わが国では七月の開花が多く、次いで九月・十月で、五月に咲くのはごくまれである」といった記載が多かった。愛知県下で近年開花数を調査した結果によると、露地の無せん定樹の開花は、六月末～八月までに三回のピークがあるが、ほかの開花は認めていない（図4―18）。キンカン

表4－13　キンカン作型別生育ステージ（宮崎県亜熱帯作物支場）

作型	発芽期	出蕾期	開花盛期			
			超一番花	一番花	二番花	三番花
早期出荷型	3月上中旬	下記	5月上旬	5月中旬	5月下旬	6月上旬
完熟出荷型	4月上中旬	下記	6月下旬	7月上旬	7月中旬	7月下旬
露地栽培	4月中旬	下記	6月下旬	7月上旬	7月中旬	7月下旬

注）出蕾期：それぞれの開花盛期の約10～13日前（三番花ほど短い）
着果率：今までの調査では，年によって異なるが，早期出荷型で高く，完熟出荷型，露地で低い。花期ごとでは超一番花と一番花で低く，二，三番花で高い。平均着果率はほぼ10％で低いときは数％，高いときは20～25％
根の伸長：根箱での調査は実施中。掘取り調査の結果では，7月上旬がもっとも細根の伸びが大きい
落果の波相：今までの調査では，落弁期直後から始まり，一番花では約30日で終息。二，三番花は遅い花期になるほど早く終息する

の主産地の経済栽培の条件下では、キンカンは新梢（おもに春枝）が伸長停止（自己摘心）し、硬化充実すると短期間（二〇日前後）のうちに葉腋上に花芽が連続して形成して、一番花、二番花、三番花と一〇日間隔で開花のピークをつくりながら咲いている。その期間がおもに三〇～四〇日である。つまり、従来からいわれている三回開花するという説の真中六～七月の一つの開花ピークのなかに、さらに三～四回の小さなピークがあり、これを一番花～四番花（宮崎県亜熱帯作物支場では超一番花～三番花として表わしている）と呼んで、果実生産の対象としているのである（表4―13）。

せん定ではこの七月開花の花をいかに多く着果させ、高品質果実を生産させるかが、

大きな目的になる。

そのためには、まず結果母枝（収穫直後の緑枝）が密生していたら整理して、強い枝を二本ほど残す。また、樹冠内部の枝葉への光環境改善のため、二年生枝まで枝を切り返し、樹冠に凹凸をつける。さらに古い枝が多すぎると骨格が乱れるので間引きせん定するなどである。

せん定時に枯れ枝が目立つ場合は、前年のせん定法では樹冠内部への光透過量が不足していた証拠である。

なお、切返しせん定が多いと樹は栄養生長に傾き、間引きせん定が多いと生殖生長に傾く。これは両者の比較の程度であって、どちらにしてもあまり切らない弱せん定に越したことはない。切る以外にも、広義のせん定には芽かき、摘心、誘引なども含まれるから、枝伸びの調節（花芽の着生～結実）に大いに活用したい。

(3) 太枝の間引きは二～三年計画で

放任樹に対して葉を三分の一以上落とすような強いせん定（強せん定）をして、一年で樹形を改造したりすると、樹脂病や太枝が日焼けにかかりやすい。

二～三年かけて徐々に主枝・亜主枝の骨格づくりをする。

また、せん定する枝の太さが、残る枝の太さと同じか太い場合は、残された枝の枝先が弱化する。

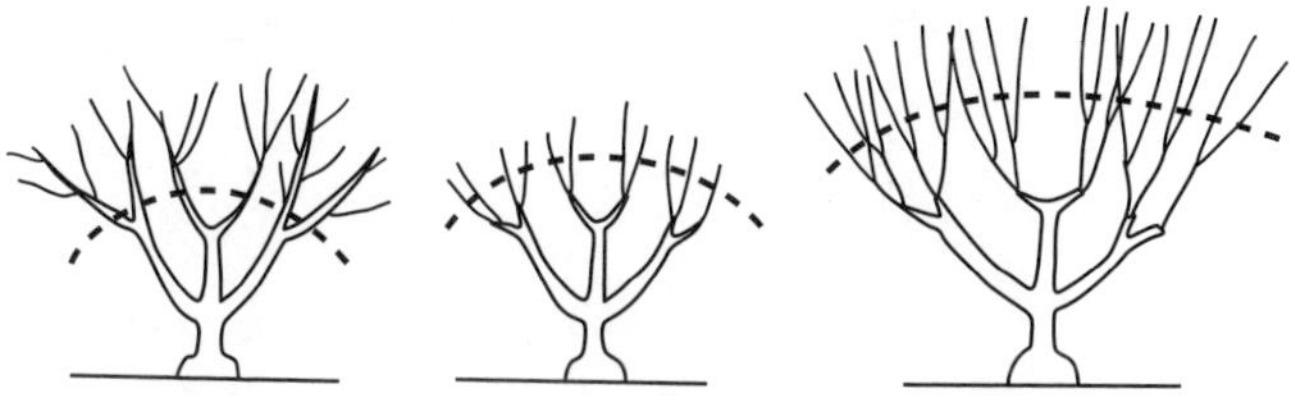

図4―19　成木（老木）の更新せん定法（宮崎県）
露地栽培を中心に実施する

そのような場合は、切除しようとする枝の切り口部近くに発生している弱い枝を一本でもよいから残して一年目はせん定する。切られた枝は葉が激減したので太りが止まる。残すほうの枝は平常どおりに太り、枝の太さに差が生じる。二年待てば差が大きくなるので切れる。速やかに切り口保護剤を塗る。これは直立性の太枝を切るときとか、主枝を整理する際などに用いる方法としておすすめである。

(4)　老木は更新せん定で低樹高化し若返らせる

低木性といわれるキンカンでも一五年生以上にもなると、二mをはるかに超え、四～五cmの短い結果母枝が増えてくる。こうなると果実に小玉が多くなり、経済性が低下する。また収穫能率も著しく低下する。このような園地では図4―19に示すような更新せん定がすすめられている。多くは一本おきに実施して、残り一本は三～四年後に行なっている。一本おきに凹凸がついて光環境がよく、果実品質も改

図4―20　老木の更新せん定で元気のよい若枝が多く発生している状況

老木になると樹冠内部に無効空間ができ生産量と果実品質が低下するため，一挙に樹高80〜100cm部まで切り返している

善されるという。

更新せん定を行なう位置は、樹高を下げる目的もあり、〇・五〜一・〇mの高さで立ち枝の分岐部は残して切り、横に張り出した下枝は残す。発芽期に内側に向いた芽は全部芽かきし、外側を向いた芽を利用する。春枝が緑化するころ、五〜六葉残して摘心して、夏芽の発生を促す。つぎに夏枝の伸長中、七〜八葉残せる時期に摘心する。この夏枝が硬化すると着花（果）する。この時期のエカキムシやスリップスの防除は欠かせない（図4―20）。

(5)　成木の新梢管理

新梢管理は広義の夏季せん定に入り、芽かき、摘心が中心になるが、キンカンではとくにこの新梢（春枝・夏枝）に着花（果）する習性があるため、展葉期から葉・枝の緑化・硬化期までの管理が大切である。

枝の先端部から叢状に発芽しているところは芽かきして強い芽を二〜三芽伸ばし、充実した結果母枝に育てる必要がある（図４—21）。併行してチッソ、リン酸、マグネシウムなどの葉面散布も実施する。夏芽は幼木、若木の強勢樹に多発するが、着果させる場合は早めに七〜八葉残して摘心し、花芽形成を促すとその夏枝に着果する。

新梢の重さで枝が下垂するようであれば枝吊りして、葉や果実に対する光環境をよくする（図４—22）。

図4—21　キンカンの新梢（春枝）
今年の結果母枝となる枝，2〜3本に早期の芽かきが大切

図4—22　枝の吊り上げのようす
日光が奥まで当たるよう心がける

第5章　施設栽培の管理のポイント

1　施設栽培の二タイプ——完熟出荷と早期出荷

キンカンの施設栽培はハウスミカンの実用化を追うようにはじまり、まず一九八一（昭和五十六）年から「早期出荷」と、二～三月出しの「後期出荷（完熟出荷）」がはじめられ、一九八七（昭和六十二）年ころから急増した。

(1)　完熟出荷型栽培

「完熟出荷型栽培」は完全に熟したキンカンの生産をねらい、一般的な果樹のハウス栽培とは目的が

図5―1　キンカンのハウス団地
10月，11月になると完熟出荷型栽培園も早期出荷型栽培園もビニールで覆われる

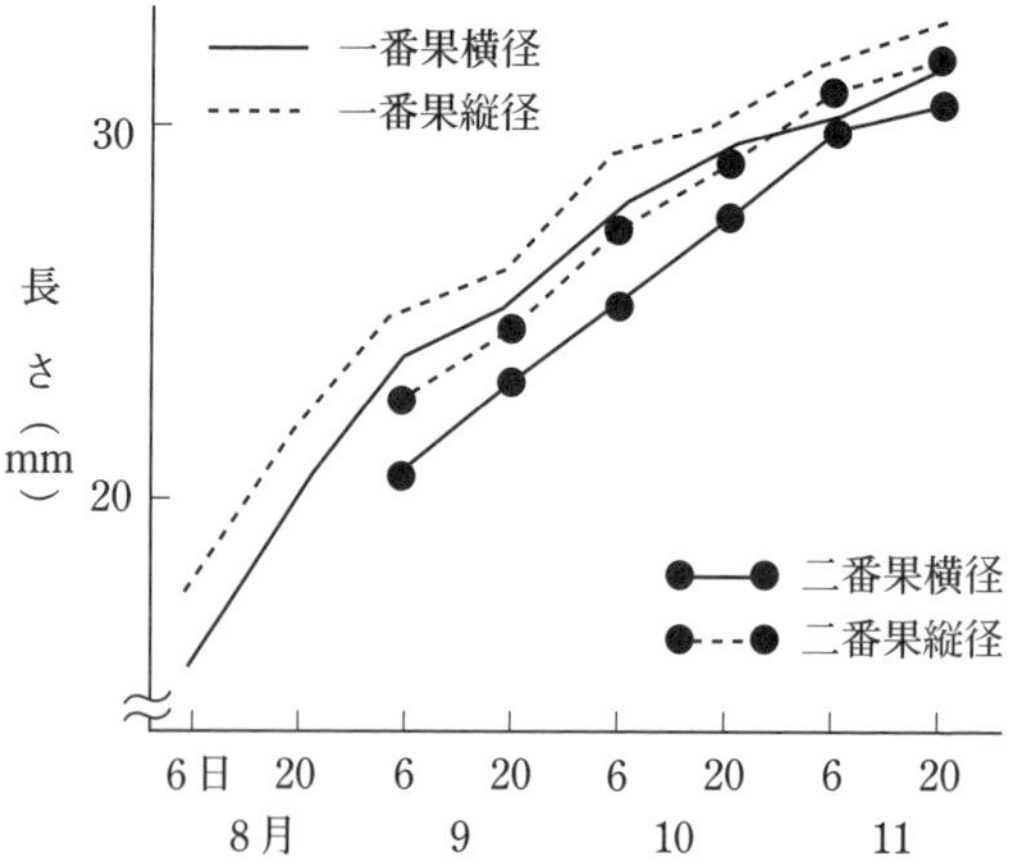

図5―2　一番果と二番果の果実肥大の推移（調査場所：加世田）　（鹿児島果試）

異なる。キンカンが生食しても美味なことを知らしめたのはこの作型である。

十月中旬～十一月上旬にビニール被覆する。無霜に近い園地では無加温ハウス、中山間地や水田転換の平坦地などでは少加温ハウスとなる（図5―1）。キンカンの果実は霜害に弱く、また、高温障

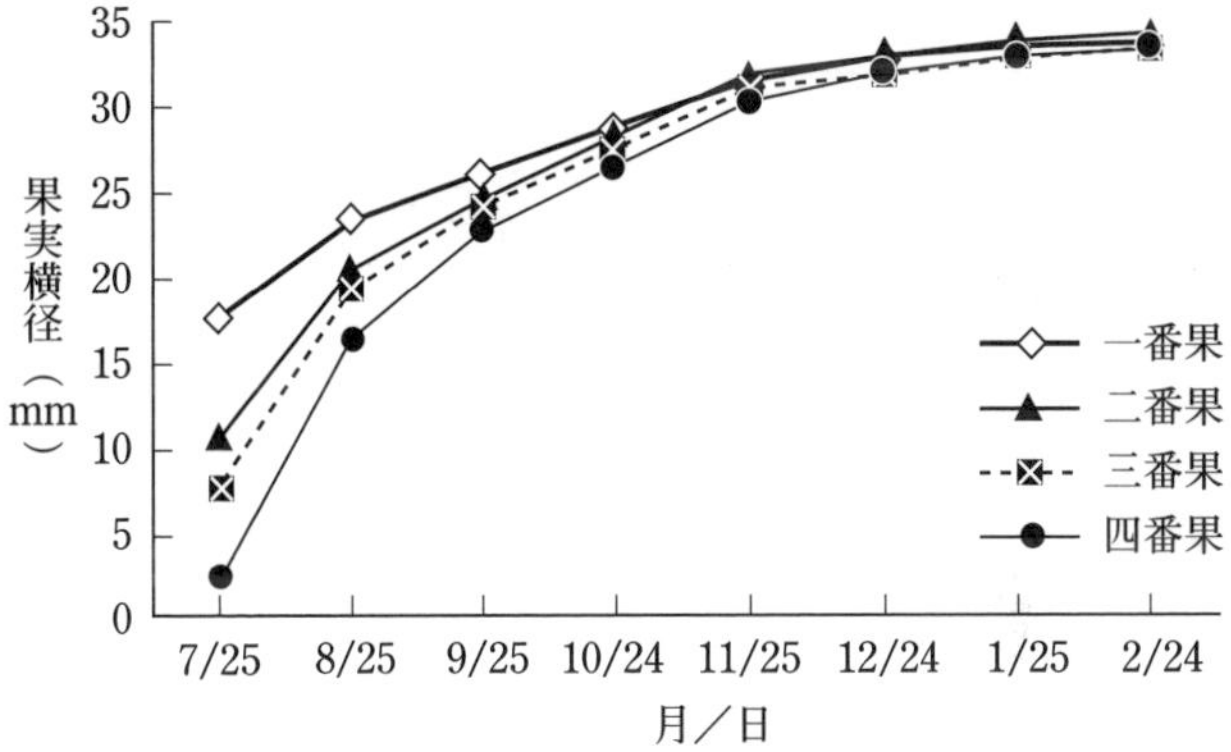

図5―3　完熟出荷型栽培による開花期別果実肥大の推移

（吉倉ら）

10月以降ビニール被覆し，最高25℃前後，最低4～5℃の温度管理で三～四番果でも大玉果になる可能性がある

害を受けやすいので周到な温度管理に留意し、土壌水分はひかえめにして完熟を待つ。

露地栽培では一番花と二番花とでは果実の肥大が一回りちがう（図5―2）。したがって、一番花をいかに多くつけるかが大玉果生産への近道である。しかし一番花の時期は、自然条件下では夜温が低くなりやすく、花芽形成から着花へのハードルが高すぎるため、なかなか着果しないのがつねである。

後期加温ハウスによる完熟出荷型栽培を周到に行なうと、一番果から四番果に至るまで、完熟期収穫の調査では同じく大玉果になったという（図5―3）。これから、ますます完熟出荷型栽培という冬季少エネルギーでよい果実をつくる生産者が増えることであろう。

なお、完熟出荷型栽培の要点を九州南部を

	10	11	12	1	2	3
肥大期			着色期	成熟期		
	30℃	25℃	最高温度	23℃～25℃		
	15℃		最低温度*	2～5℃		
まで多かん水			節水管理			多かん水
	仕上げ摘果 秋肥施用 ビニール被覆	枝吊り		収穫始め		収穫終了 ビニール除去 整枝せん定・間伐 春肥施用
	褐色腐敗病 ミカンハダニ					ミカンハダニ

の要点（九州南部地域）

す。着色したら降温し完着時には10℃以下とする

防除すればよい

月	4	5	6	7	8	9
生育相	発芽期	新梢伸長期	花芽分化期 展葉硬化期	○──開花期（一〜四番花）──○ ○──生理落花（果）期	──○	○── 果実
温度管理						
水管理	──→ 多かん水				←──	── 着色始め
管理作業	土壌管理 液肥葉面散布	液肥葉面散布	敷ワラ	開花期に降雨があるときはビニール被覆 夏芽かき	夏肥施用 徒長芽除去 粗摘果（極小果）	摘果
＊＊病害虫	そうか病	カスミカメムシ 黄斑病	カイガラムシ ミカンハダニ	訪花昆虫 スリップス 黒点病 灰色かび病	ミカンハダニ カメムシ ミカンハモグリガ チャノホコリダニ	黒点病

図5−4　完熟出荷型栽培

＊7月中旬以降開花の果実が多い園では13℃を確保して後期肥大を促

＊＊病害虫の発生時期を示したもので，発生が危ぶまれる病害虫だけ

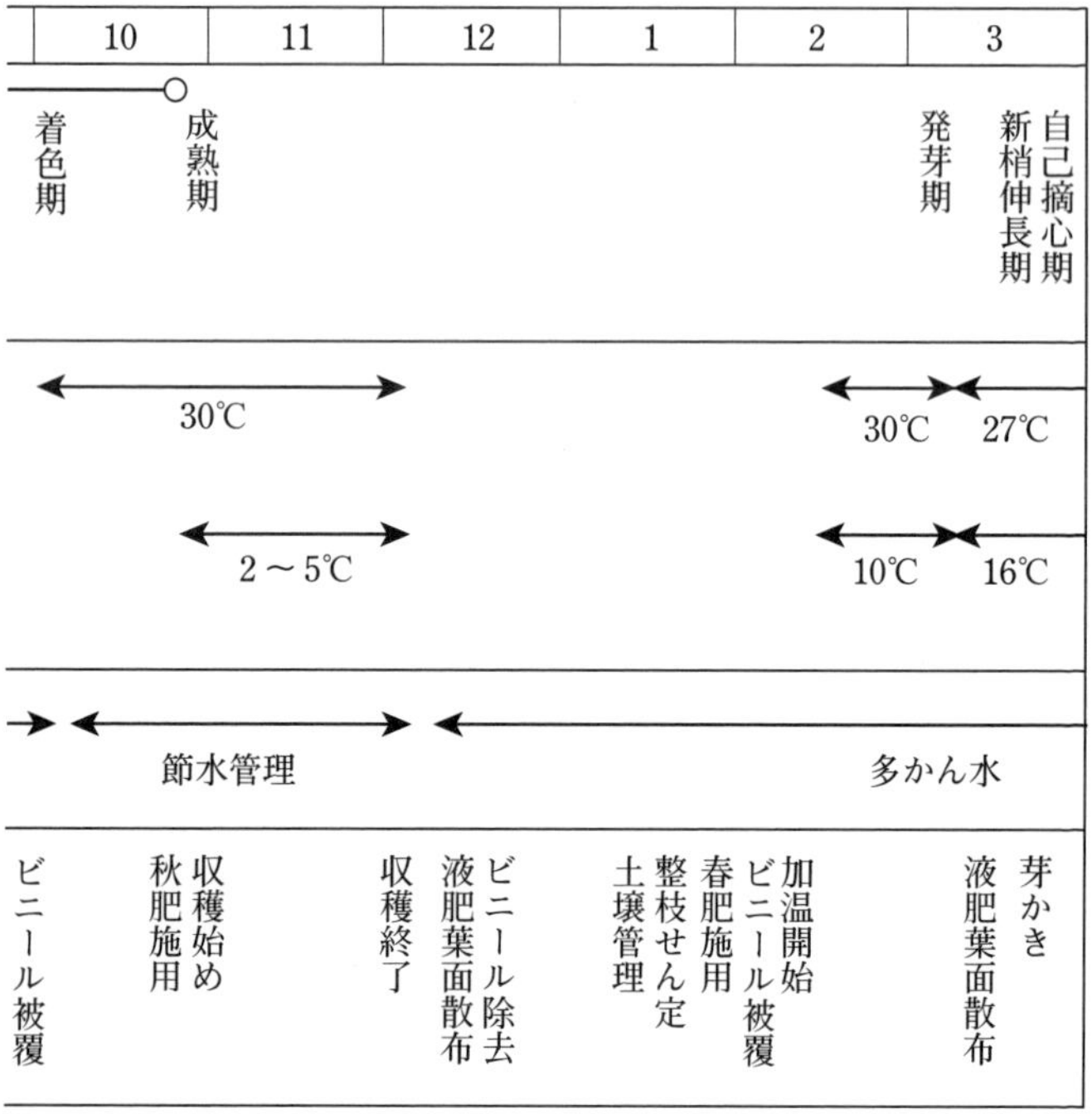

の要点（九州南部地域）

想定して138～139ページの図5―4に示した。生育相にあわせた見方をしてご参考いただければと思う。

(2) 早期出荷型栽培

これは一般のハウス栽培でいう加温栽培である。露地栽培にくらべて二カ月程度開花を早め、おもに十一～十二月収穫で出荷する。この栽培型は単位面積当たりの収量がもっと

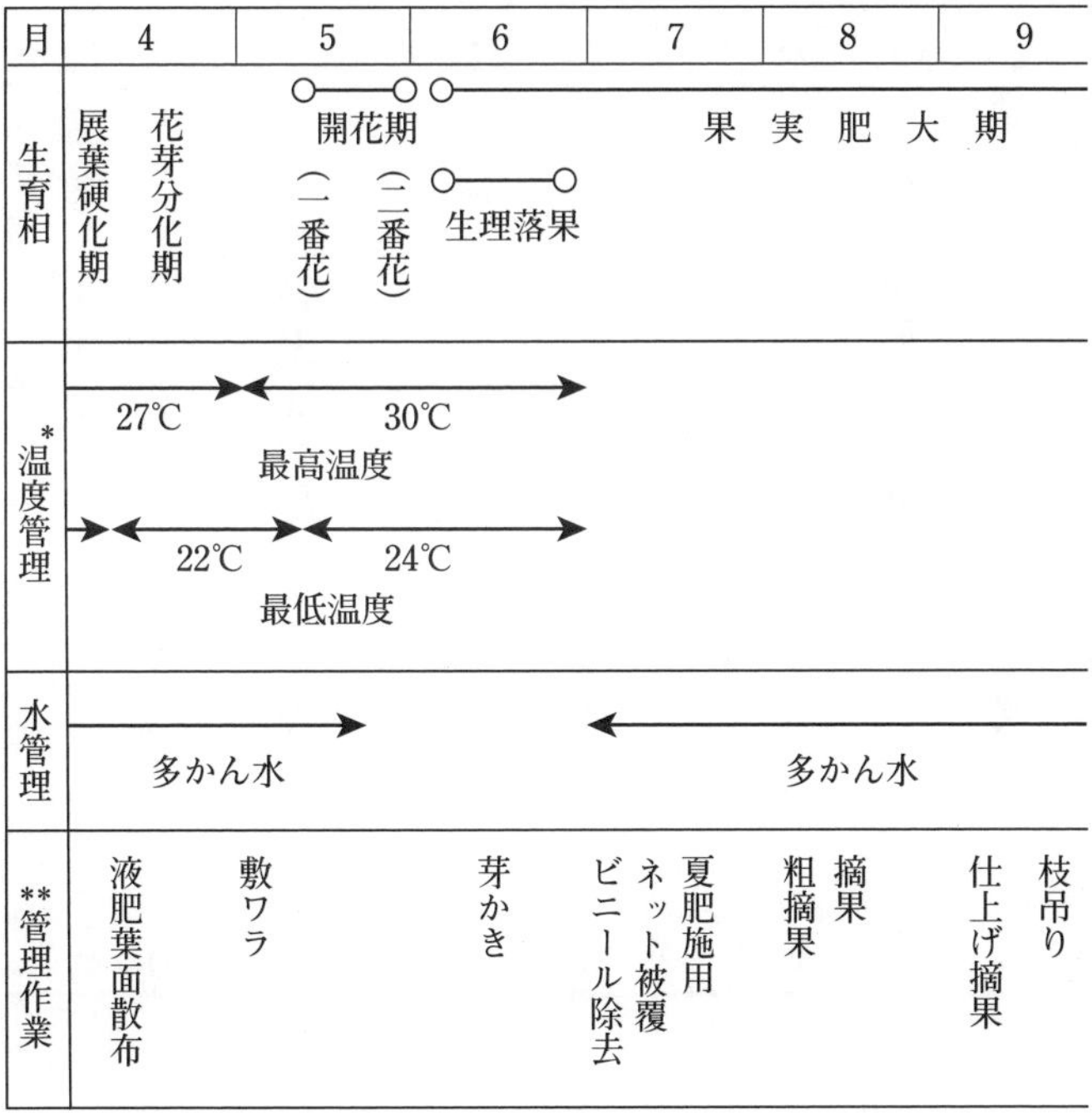

図5—5　早期出荷型栽培

＊温度管理の変温は日数をかけて徐々に行なう

＊＊病害虫は完熟出荷型栽培に準ずるが，生育相と照合のこと

も上がる点に魅力がある。

二～三月の低温期にビニール被覆加温し、梅雨明け前の着果決定後にビニール除去、果実が七分着色したころに再被覆、収穫後除去といったパターンで栽培する。

おもな留意点は二つあり、一つは葉が緑化したころから低温（一八℃以下）にしないことや高温（三二℃以上）にしないなど生育ステージごとの適温管理を徹底すること。もう一つは、土壌水分を維持しながら、ビニール再被覆以降〜収穫完了時まではやや乾き気味の管理にすることである。

なお、早期出荷型栽培の要点を九州南部を想定して作成したのが前ページ図5―5である。

2 完熟出荷型栽培の実際

(1) 園地の選び方

施設の設置場所はとくにビニール被覆期間中に強風が当たらず、降雪量の少ないところで、さらに日照条件がよく排水良好な場所がよい。完熟果はいたみやすいから、園地までの道路が舗装されていることが望ましい。また、暖房機、換気扇などの電源が得られやすく、水源が豊富なところを選びたい。住宅地の近くは換気扇の音が聞こえ、住人とのトラブルになる可能性があるため、できればさける。

(2) ハウスの構造と植栽方法

①棟高は低くても換気が行なえるハウス

キンカンは低木性であり、せん定によって樹高調節ができるため、ハウス栽培に向いている。したがって、ほかのカンキツハウスにくらべ棟高が低い。一般にはアングル（山型）鋼とパイプを組み合わせたAPハウスで、果樹用の改良型、軒高二・二mで間口が六・〇～六・三mのものを基準にしているが、地形や面積、地力判断などから、間口五・四～五・七mのものも多い。ちなみに、基準どおりの構造のものだと一〇aで四連棟、奥行き四二m程度になる。また、支柱間隔（一スパーン）二・五m、アーチパイプ間隔〇・五m、パイプの太さ二五mmが見込まれる。

図5―6　完熟出荷型栽培ハウスの外観（南さつま市加世田津貫）
盛夏季はサイドをネット張り，天井は開放。11月前後天候をみてビニール被覆している

連棟ハウスでは夏季、異常高温になった場合に換気扇では換気が間に合わないことがあるため、ハウスの谷部のビニールを両側に一m以上開閉できるよう配慮する。可能ならばサイドをネット張り、天井を開放したい（図5―6）。

単棟ハウスの構造は、階段畑などで段に沿って設置するハウスで、間口五～六m（園のテラスの幅に合わせる）、軒高二・〇～二・二mに応じた棟高、支柱間隔二・五m、アーチパイプ間隔〇・六m、パイプの太さは二〇mmが目安となる。

この作型は台風回避が一つのカギであり、この構造で十分と思われる。ビニールは塩化ビニールがおもに使用されているが、焼却処分・廃棄に問題があり、近年はポリエチレンのPO系フィルム（ポリオレフィン）が増加している。なお現状では一重一層被覆であるが、保温または遮光に有利な一重二層などのカーテン式も考えられよう。

暖房機は最低温度を二～五℃に確保すればよいから一般的なものでよい。かん水施設は地上・地下部の自動かん水装置が理想的である。

②完熟栽培の植栽方法

植付けの時期は、苗木（大苗育苗を含む）の場合は二月中旬～三月上旬が適期である。成木を移植するのは三月下旬～四月上旬がよい。

植栽間隔は間口六mの場合、当初一〇a当たりの植栽本数を三六三本（一・五m×一・五mで一棟三列植え、ハウスの長さは四二m、四連棟の場合）の計画密植栽培にする。成園時のいわゆる永久樹の間隔は三m×三mの二列植え、四連棟が基準とされる（91ページ図4―6）。ただし棟間に一列ずつ加えると四四〇本になるが、地形などの関係でハウス内の状況を現場で棒を立てて正確な数を決定する必要がある。

また、階段畑で単棟ハウスを設置する場合は間口五m以下であれば一列植えとし、当初一・五m、成園時は三m間隔にする方法もある。

(3)　ビニール被覆による環境改善

ビニールは七分ほど着色しはじめた時期（十月中・下旬〜十一月上旬）から収穫が完了するまで被覆し、収穫完了時以降除去する。果実肥大に対する温度要求量を満たして肥大と熟度を促進させるのがねらいである。

いっぽう、ビニール被覆と併行してかん水量を制限する。これによって樹体に適度の水分ストレスをかけ、成熟果の裂果を防ぐとともに、光合成産物の果実への転流を促すようにする。

ただ、果実の完熟と過熟（うるみ）は紙一重といわれる。ややもすれば高温管理にすぎ、うるみ果が多発してしまうことがあるので、温度管理と水管理には注意しなければならない。

周到な管理をすれば大玉の完熟果が出荷できるはずである。なおこの施設を利用して開花時に遮光ネットとビニールを張り、着果率を上げることも可能である。

(4)　栽培管理のポイント

①整枝とせん定

枝が密生すると新梢が弱小化し、小玉果が多くなる。間引きせん定を中心に、邪魔な枝をはずし、前年枝は二本内外に整理して、充実した新梢（結果母枝）の発生に努める。

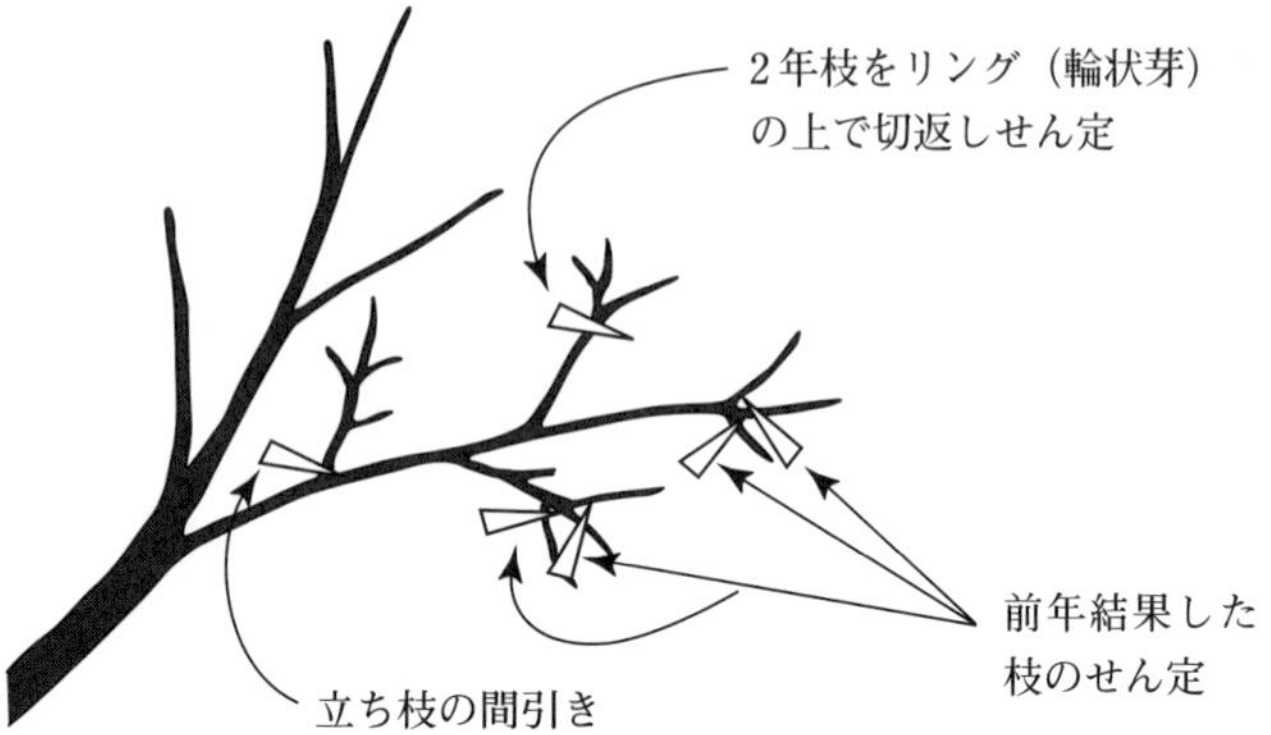

図5−7　側枝更新時の前年生枝のせん定

側枝の若返りは不定芽を利用するが，切返しはつとめてさけ，立ち枝の間引きなどして不定芽（今年の結果母枝になる）の発生を促す

せん定の適期は三月上旬〜四月上旬（南九州）と考えられ、あまり早めに行なうと新梢の発生が多くなり芽かきが大変である。せん定は園ごとに短期間ですませ、発芽をそろえたい。

樹齢別のせん定のポイントは、幼木時代には主枝候補を視野にいれて、分岐角、方角、勢力などで選びながら、分岐角度が狭い内向枝や、伸びのよくない夏秋梢があれば切除する。

若木時代に入ると、主枝候補を五〜六本程度に整理しながら樹冠の拡大に努める。内向枝は間引き、せん定時にすでに下垂している枝は切除する。前年生枝はその強さ、角度をみて二本内外に整理する。

樹冠が広がり成木になったら、主枝数を最終的に三〜四本に整理し、開心自然形の樹姿完成をはかる。樹冠に凹凸をつけ、結果部容積の維

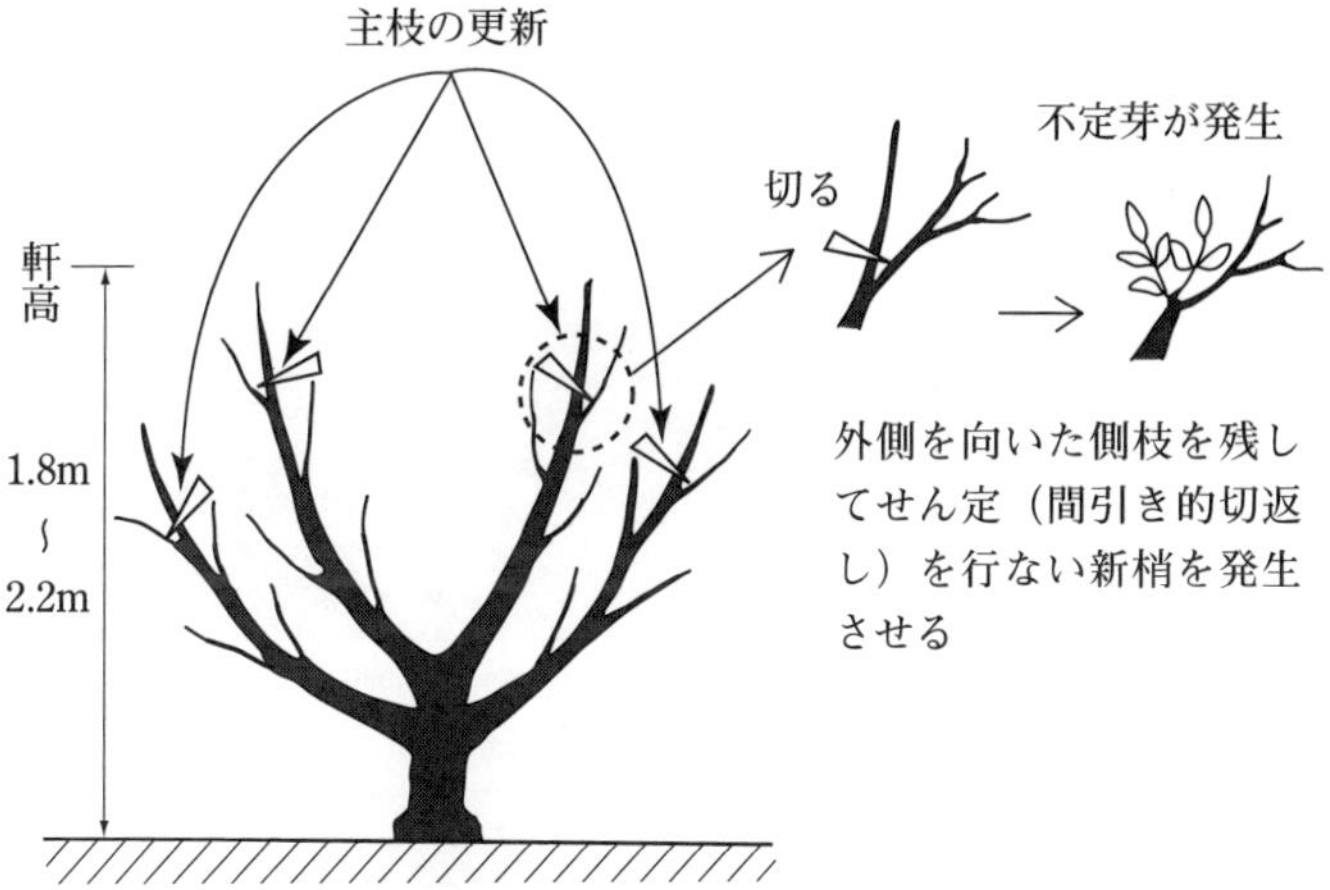

図5―8　主枝先端部の更新

収量をあげるためには一定の樹高（軒高・谷高の高さ）は必要であるが，それ以降はつねに主枝の先端の更新を行ない，樹高を抑える

持拡大と樹冠内部へ光線が入るように側枝更新（図5―7）をはかり、枝抜きや坊主枝（古い枝まで切返して、切口の下方についている枝も短く切り、葉もつけない枝）の設定、間引き的切返しせん定を加えて仕上げる。収量確保には樹高一・八〜二・二m（ハウスの軒・谷の高さ）は必要であるが、それ以上は作業性や高温障害果の問題などから、低樹高栽培に徹するほうが有利である（図5―8）。したがって高くなった主枝の先端の更新を行ない、適正樹高の維持をはかる。つまり、徒長枝の多発を抑えるため、主枝の切返しはさけて、外側を向いた側枝を残して間引くのがよい。これを間引き的切返しせん定という。この枝管理を運用し、露地栽培で行なわれている一

挙に切り返す更新せん定はしないですむようにしたい。また側枝の若返りは、立ち枝の間引きなどをして不定芽を促して用いる。計画的密植栽培であるから、せん定に先立って計画的間伐は必ず実施して光環境をよくすることはいうまでもない。

韓国済州島のキンカンハウス栽培はトッピングして、キンカンの結果習性を活かしている園もあるが、結果部がはげ上がり、平面化する傾向がうかがえ、わが国に導入すべき技術とはまだ考えられない（図5—9）。

図5—9　韓国済州島の低樹高ハウス栽培
1.5m高での刈り込み（トッピング）せん定法

②新梢管理

植付け一年目から開花し着果するが、そのままならせると樹冠の拡大が遅れる。幼木期には樹冠拡大を優先し、摘蕾摘花を徹底することによって夏芽の発芽を促し、枝数を増やすほうを選びたい。力の強い枝は望む方向に支柱で誘引し、一カ所から多くの発芽が見られたらどの時期であっても芽かきして一～二本とする。若木でも着花と同時に夏芽が発生する場合があるが、この場合は芽かきはせずにエカキムシの防除を行ない、その新梢に着果させる。

成木で主枝を側枝まで切り下げた年はその部位から不定芽が出るが、強い春芽は早めの摘心で夏芽を数本伸ばし、着果させることで勢いをそぐ。

樹冠表層部に着果が多いと枝が垂れ下がり下の枝にかぶさる。樹冠内部外部にまんべんなく光を入れるため枝が水平になるよう、枝吊りを行なう。

どのような樹齢でも、樹形を乱すような徒長枝の発生が見つかれば即刻基部から切除する。なお、夏秋梢を有効利用する場合には必ずエカキムシの防除を行ない、大きな葉に育てることが大切である。

③着果管理

まず着果量を確保するため、出蕾前から着果までの温度や湿度、土壌水分などの管理が重要である。しかし多くの場合、露地同様の環境におかれている。後述するように中山間地では収穫後もビニールを除去せず着果をみたあとに除去している。

着果が確定してから摘果を行なう。大玉果ほど有利に販売できるから重要な作業である。摘果時期はできるだけ早いほうがその後の果実肥大はよいが、あまり早い時期からはじめるとその後、遅れ花が着果して非能率になる。一・二番花着果園ではふつう九月上旬～九月末までに実施している。もし遅れ花が多く着いたら一・二番花より生育ステージに大きな差が生じているから、遅れ花が咲いた四～七日目にフィガロンの一〇〇〇～二〇〇〇倍を散布して省力化をはかる（105ページ表4―2）。

着果は樹勢に応じた結実量とするのが基本であるが、新梢（春枝）の長さにおける目安は一〇cm以内は一果、一〇～二〇cmは二～三果、二〇～三〇cmは三～四果とする。露地栽培より着果数は多く、葉果比もおおむね五～八とされている。この理由は十月以降の保温でさらに肥大が進むことと、着果している期間が六〇日以上も長いことなどが考えられる。

摘果が優先される果実は、開花期間中、露地状態におかれている場合は風傷果が多く、ほかに病虫害果や一節二個成り果、扁平果、樹冠上部に多い日焼け果、含核異常の奇形果、極小果などである。果実の重みで枝が垂れる十一月には枝吊りで枝を水平になるよう吊り上げて、光を当てたり、地ぎわの果実を吊り上げ、腐敗果の防止をはかる。

④温度管理

先に述べたとおり、完熟果実生産のためのビニール被覆は十月以降で、最低温度を二～五℃に設定し、霜害防止をする。三番果以降の果実が多い園では昼温を二三～二五℃とし、夜温一三℃で後期肥大を促す。着色が開始したら徐々に降温し、完着時には一〇℃以下とする。最高温度は、年内は三〇℃以下、年明け以降は徐々に降温し、二五℃内外に保つ。とくに一・二番花が中心に着果している園では過熟果（うるみ果）の発生が懸念されるので、昼温管理はこれ以上にならないように注意することが大切になる。

中山間地で開花期に加温する場合は、収穫が終わってもビニールを除去せずに霜害の心配のなくなった時点（四月上・中旬）で天井ビニールは巻き上げて中心でしばり、妻面、サイドも最大まで巻き上げ開放状態にする。五月下旬～六月上旬ころにビニール被覆を行ない、果実が結実した時点で除去する。ビニール除去できない場合は最大の開放状態にする。再被覆は十月から行なう。

⑤光環境の調節

キンカンの葉がフルに光合成をしてこそ果実肥大を促し、食味が向上する。整枝せん定で樹冠内部まで日当たりをよくすることが基本だが、光エネルギーは熱に変わり、異常高温をもたらすことがある。花粉を死滅させたり、幼果時（満開後三〇〜六〇日）の高温（三三℃以上）がのちになって果実の「す上がり」として現われたり、直接「日焼け」として発生する。対応策としては遮光ネットの展張があるが、光合成を最高にする光の量、つまり光飽和点は四万ルクスといわれ、樹冠内部にも、この光量を届けなければならない。真夏の照度は七〜八月は六万〜八万ルクスか近年はそれ以上という。真夏の好天時に遮光率二〇〜三〇%のネットの展張は光合成の不足に影響はないと考えられるが、密植園、枝の密生した園では陰になったところで光量不足を生じることはいうまでもない。すでに一〇一ページで紹介した細霧噴霧装置は遮光度を考慮した果実温制御法であるが、これでは「す上がり」が完全に防ぎきれていない。光はほしいが異常高温（三三℃以上）は知恵をしぼって制御したいものである。

⑥水管理・かん水

キンカンの葉や果実からの水分蒸発能力が高いのか低いのかはまだわかっていない。しかし養水分が吸収しやすい好適根圏環境を維持して、つねに健全な根の働きを支えてやらなければならない。そ

図5－10　キンカンハウス内のかん水用定置配管敷設園
果実の肥大には乾燥はマイナス

の作業がかん水である（図5―10）。土質・土層や地下水位などの深浅におかまいなくたっぷりかん水することは鉢植え、コンテナ栽培にはよいが、不用意に行なうと、停滞水をつくり根腐れをおこすことがあるから注意したい。

完熟キンカンは十月まではビニール被覆をしないため自然状態だが、夏季に高温・乾燥が続けば葉が弾力性を失う。その前に、一〇日間の晴天で一〇a当たり三〇t（三〇mm）のかん水量を基準に、園内の状態をみて加減する。散水か溝状かん漑か点滴かん水かで、土壌水分の湿る範囲が異なるので、一度、園の湿り具合と水量・時間など土を掘って観察して、適湿な水管理をしていただきたい。要は八月から着色始めまで晴天日一日三tの換算で多かん水（一週間おきなら二〇t／一〇a程度）して、着色が始まるころはビニール被覆下にあるが、少かん水（一〇a当たり五t）で表土の湿る程度を保持する。ただし裂果に留意する。

収穫が終わったら多かん水に戻し、秋肥の肥効を高める。間伐・整枝せん定後ビニール除去し、自然の降雨にまかせることになる。

七月の開花期はサイドを張って風を防ぎ、地表散水などで相対湿度を高めに保つ、梅雨が長びくようであれば天井ビニールを張り、雨よけする。両者とも結実環境を保護するのに役立つ。

⑦土壌管理と施肥

キンカン樹の主根群域の根圏環境改善のために、土壌の理化学性を改良することと土壌表面を保護することが土壌管理である。前者は収穫後なるべく早い低温期間中に行なう。おもに、完熟の堆厩肥とか、ピートモス、ヤシガラとか、土を団粒化する土壌改良資材などを三〇cmの深さ（スコップ一杯の深さ）に投入し、土と混ぜる（堆肥は一〇a当たり二〜三t）。客土は数年に一度、浅根活性を促すために土壌表面に二〜三cm厚で落ちつく量を施す。土壌酸性を調べ、pH五・五が維持できるように石灰資材を、キンカンでとくにマグネシウム（苦土）の補給を兼ねて苦土入りカキガラ石灰（セルカ2号など）一〇a／一〇〇kgを施用する。また、肥効の劣る土壌や、化学肥料の連用等で老朽化が進んだ土壌にはゼオライト（沸石を含む多孔質の石で保肥力を高める）を、堆肥と混用施用するとよい。後者の土壌表面の保護用の資材は敷ワラ（草）が代表的で透水性マルチ資材もある。夏の高温乾燥期に表

図5―11　敷ワラ下の土の保水性
表土を高温乾燥からまもり細根の働きを助ける

表5―1　完熟出荷型栽培の10a当たり施肥量（宮崎県果樹栽培指導指針）

樹齢	収量 (t/10a)	チッソ (kg/10a)	リン酸 (kg/10a)	カリ (kg/10a)
3年生	1	15	12	8
5年生	2	25	20	13
7年生	3	30	24	15

注）成木の目標収量3t/10a
収穫終了後，ただちに完熟堆肥2t/10a施用

表5―2　時期別施肥割合（%）
（宮崎県果樹栽培指導指針）

結実状況	3月中旬	8月上旬	8月下旬	9月上旬	9月中旬	11月上中旬
(A) 6～7月果中心の園	30	20	―	25	―	25
(B) 7月下旬果中心の園	50	―	25	―	25	―

注）(A) の園は秋肥は着色開始期（果実全体が黄色になった時点）以降に施用する
(B) の園は，1）着色遅れが心配されるため秋肥は施用しない，2）樹勢の強い幼木は8月下旬の夏肥を施用しない

土に密生して発生している細根を保護し、肥大促進、す上がり果の軽減をはかる（153ページ図5―11）。

施肥は樹体内の貯蔵養分として利用される秋肥を重点とした体系となる。三番果以降の果実主体の園では色つきが遅れるため、秋肥は施さず、基肥に重点をおかざるを得ない。完熟生産では収穫が一

～三月と遅いため、収穫後ただちに樹勢回復をはかりたいが、低温期で肥料養分の吸収は十分ではない。したがって新梢伸長期には後述する葉面散布を併用することになる。ここには宮崎県の施肥基準を紹介させていただく（表5—1、表5—2）。

⑧葉面散布

キンカンは開花から着果の時期にかけて細根の伸長が盛んになる時期と重なり、養分の競合がおこって生理落果を促すことになる。着果が確保されてから細根は伸びてほしい。そこで開花期の前後は、温度とともに土壌の乾きによる発根の一時的制御が技術要素に加わる。節水とか表面かん水といった管理である。細根の働きは抑えたいが樹体の栄養は開花・着果・肥大のため十分供給されなくてはならない。この応急の手段が葉面散布である。この時期は高温期であるから三〇〇～四〇〇倍の尿素に願わくばそのほかの要素（たとえばポリリン酸を含むメリットやジャッフルなど液肥として肥料登録のある葉面散布剤）を加えるとよい。これを五日前後間隔で三回以上散布する。

また果実肥大後期の十～十一月で着色期に入る前一カ月にわたり、葉面散布をすると味と着色（紅）が冴えてくる傾向がある（たとえばチッソぬきのメリットとか海藻エキス、ミネラル資材のグリーンセーフとか、カラアップ、ハップルといった液肥としての肥料登録のある葉面散布剤）。これも使用法に従うが、多くは三回以上必要で、チッソが多く含まれている液肥は着色期以降は散布しないほうがよい。

(5) 収穫・選果

完熟キンカンは原則として開花後二一〇日を経過してから収穫を開始する。しかし、気象条件などにより過熟果が発生する場合は、産地の出荷基準を念頭に入れて成熟程度を把握したうえで収穫を行なう。収穫の方法については第4章108ページを参照していただきたい（109ページ表4—6、111ページ表4—7、112ページ表4—8）。

3 早期出荷型栽培

(1) 園地の選び方

地球温暖化進行による局地的な気象変動が頻発している。石油の高騰も懸念される。これらの自然・経済的条件を考慮にいれ、少しでも安全・安心な栽培ができる場所を選ぶ必要性は完熟出荷型栽培よりも大である。また、施設と生産農家の距離は、温度管理上あまり遠くないことが望ましい。加温ハウスは電気を使って換気扇や天窓開閉を行なうが、停電や漏電ブレーカー作動による換気不能がおきた場合、異常高温をまねき新梢枯死にいたることがある。したがって、キンカンの作型のうちもっとも集約的管理を要するため、常時監視できることが重要である。冬季日照時間が長いと加温燃料費を減らせるので、日当たりをよくし、風の当たらないところを選ぶ。ほかの果樹ほど土地を選ばないキンカンだが、豪雨の湛水もなく園内排水が良好で南面向きの地形がよい。そのほかは完熟出荷型の園の選び方と共通する面が多い。

(2) ハウスの構造と植栽方法

①ビニールは一重被覆より二重被覆に

露地栽培園をハウスに転換する例は珍しくない。その場合は既存園に沿ってあつらえたハウスになる。一般にも、地形にあった構造を選ぶことにはかわらない。ハウス構造については、142ページの完熟出荷型栽培について述べたところを参考にしてほしい。ビニールの被覆は従来なら一重一層被覆だったが、省エネのために二重被覆することがこれからの方向であろう。カーテンには梨地ビニールを用いると昼間の温度が上がりにくく、評判がよい。

暖房機は、四~五月にかけて二〇~二二℃程度の保温能力を確保できる、一〇万ｋｃａｌ／時間タイプのものが基準になっている。かん水施設はノズル方式が望まれ、異常高温時のことを考えると、天井かん水設備も必要と思われる。

②植付けは完熟出荷型とほぼ同じやり方でよい

植付けの時期は苗木なら三月上旬、成木なら三月下旬～四月上旬が適期である。また、ハウス内からハウス内への移植の場合は新梢（春芽）の自己摘心後の四月中旬ころ移植しても、その年の収穫は可能である。ただし活着がスムーズになる鉢付け移植はよいが、根をさらすような移植では初期生育がおくれる。一年目は樹づくりに専念したほうがさきざきの収量面で有利になる。

92ページで述べたとおり植え穴の周到な準備と高植え、それに植栽後の枝管理、整枝を考えた枝配りと支柱誘引に念を入れ、夏芽利用、エカキムシの徹底防止などの実施、かん水、肥培管理をこまめにすると一年目で良園、不良園の差がつくことを知るべきである。

植栽距離は間口六mか五・四mにするが、地形・地力、経済性など考えて決める（91ページ図4―6）。完熟出荷型ハウスと異なる点は段幅が狭い傾斜では温度分布の差が大きくなりすぎて、温度管理に苦労することで、このような施設の設置はすすめられない。

(3) ビニール被覆による環境改善

早期出荷のためには、一番花、二番花を着花結実させることが必要である。また、一番花の開花期を五月上旬にすることによって、満開後一八〇日という出荷時期（成熟期）目標の達成を果たさなければならない。

ビニールの被覆は二月中旬~三月上旬からとし、除去は一番花あるいは二番花の着果を確認後、夜温が一八℃を下回らなくなってから行なう。海岸から離れたある産地では三月下旬に被覆、着果して七月の梅雨明け前の晴れた日に、除去している。ビニール除去後は日焼け、風傷果対策としてネット被覆をする。再被覆は十月上・中旬に行なうが、前述の三月下旬に被覆する産地では着色が七分まで進んだころ、裂果防止の雨よけもかねて再被覆している。

ビニールの除去は収穫終了後に行なうが、一月以降にせん定をしてその後に除去している産地もある。要は産地の出荷時期、出荷検査基準に順応してビニール被覆を行ない暖房効果、保温・低温時の風雨(雪)、鳥害などを視野に入れて、環境改善の効果を活用することである。

(4) 栽培管理のポイント

①整枝とせん定

せん定時期は一月中旬~二月中旬がよく、発芽をそろえるために同一園内は短期間ですませたい。露地栽培より夏芽の発生が多いので、亜主枝を水平に近く誘導して春枝に着果させ、夏芽を少しでも抑えること、また主枝は開きすぎると亜主枝同士が重なりあうため、立ち気味に仕立てることがポイントになる(127ページ図4―17)。

幼木では将来樹形を乱すような内向枝や充実のよくない夏秋梢は切除する。また、摘蕾摘花を行な

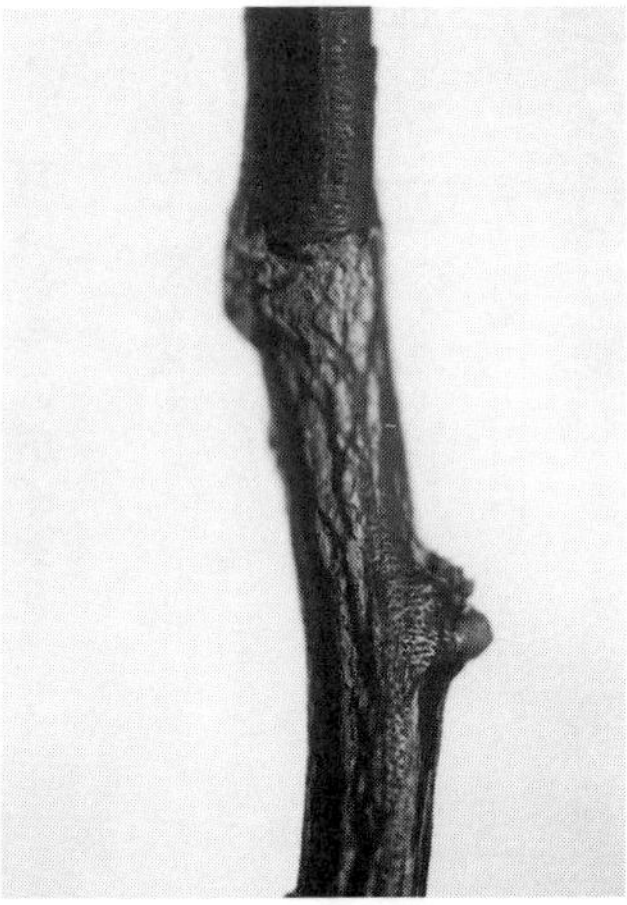

図5—12　新梢発生期（年）差で生じる境界節（輪状芽）
この節の上でせん定すると枝が多く発生し短いが，下でせん定すると枝の発生は少なく強い

い主枝になりそうな夏秋梢の発生を促し、樹冠拡大に努める。

若木になると主枝数を五～六本程度に整理し、さらに樹冠拡大をはかる。内側や下へ逆行して伸びる枝は、樹形を乱し光を遮るので切除する。主枝候補の先端とか、前年着果していた緑枝（一年生枝）はその強さ、角度により一～二本に整理する。全体で三〇％程度の枝は、一年生枝と二年生枝の境界にできる節（輪状芽）を残して切る（図5—12）。その節から輪状に三～五本程度の新梢が伸び、その年着花（果）する。これを結果（母）枝戻しせん定といっている。

樹冠拡大が一段落し、樹高が軒・谷の高さに達したころから主枝候補枝を整理し、最終的に三～四本の開心自然形の樹形にもっていく。幼木当初からミカンのように、三～四本の主枝を決めて仕立てる方法もある。永久樹に実施したらかえって間伐予定樹のほうが強勢多収となり、計画を狂わせている例がある。十分、注意して取り組んでいただきたい。

その他、成木のせん定のポイントは完熟出荷型栽培で述べたことにならう。なお、若木時代に行なっていた、結果枝戻しせん定の割合を年々増やしていくと、大玉果生産の維持につながるといわれる。

成園に達したハウスでの樹高管理は、完熟出荷型栽培に準じて行なうが、坊主枝設定は側枝が強くなりすぎて、一番果が落ちやすいから、努めてさけ、立ち枝の間引きで不定芽を利用したほうが結果はよい（146ページ図5―7、147ページ図5―8参照）。

②新梢管理

春芽が伸びはじめたら園内を見回り、一カ所から多くの芽が伸びておれば、枝の力や周辺の発芽の密度から判断し、芽かきか摘果で調整する。この新梢に一番果をならせることができれば、あとは摘果で調節できるから、新梢の芽かきの程度は早期出荷型栽培ではとくに注意が必要である。

着花と同時に夏芽が発生する場合があるが、葉芽（発育枝）は出るたびにすべて芽かきを行ない、有葉果（結果枝）は残して着果させる。

③着果管理

早期出荷型栽培で生産された果実は、大玉果ほど有利な価格で取引きされている。この果実の大きさや、着色、食味のよさで優れているのは一番果で、二番果がこれに次ぐ。

せん定時には間引きせん定を主体にして生殖生長を促し、新梢伸長は葉面散布を加えて緑化・硬化を促し、その間と出蕾開花期を適温管理すれば、一番花、二番花はよく着果する。この一、二番果の生理落果がほぼ終了する八月上旬から摘果をはじめ、大玉果生産をねらうことになる（162ページ図5

図5—13　早期出荷型栽培での一番花着果状況
温度管理を周到に行なうと，まだ細根との栄養競合が少ないから着果率が高くなる

—13)。

適正着果量については第4章102ページや103ページで述べたとおり、結果母枝長一〇cm以内は一果、一一～二〇cmは二～三果、二一～三〇cmは三～五果である。露地栽培より果実の肥大が良好なため、着果数は多めでよく、摘果の程度は軽くする。

摘果は風傷果、病害虫の被害果、奇形果などを優先し、次いで発育のよくない頂上果、枝の基部の果実、一節二個成りは一果にするなどして、秀品率の向上をはかる。三番果、四番果でも越年完熟をねらえば肥大は追いつくが、早期出荷による経済効果は失われる。

また、一番果、二番果で適正着果量に達したと判断されるのに、なお三番花、四番花が咲くようならば、摘果剤（フィガロン）の使用が認可されている（105ページ表4—2参照）。

なお、着果管理の一つに枝吊りがある。大玉果で品質のよい果実を生産するためには、八〇～九〇%の肥大がすすんだ九月中旬ころから枝吊りを行なう。秋季から収穫期まで果実へ十分な光を当てるための作業である。その際、枝は水平程度に吊るが、果実は下垂させる。

④温度管理

早期出荷型栽培の特徴は他の作型と異なり、開花期前後が真夏の高温期でないことであるが、温度管理が楽なわけではない。産地により異なるが、ふつうビニール被覆は三月上旬からで、最低温度は五℃から馴らし数日のち一〇℃とし、最高温度三〇℃で換気扇を稼動させる。発芽期から最低温度を上げはじめ、自己摘心から新葉が緑化する約二〇日間を一六～二七℃に維持し、新梢が硬化して花芽形成・出蕾に至るまでの約二五日程度は、二二～二七℃に保つ。最低温度が一八℃以下になると、蕾のふくらみが止まり枯死するので、この期間の温度管理はとくに留意しなければならない。そこで蕾の粟粒期から満開のころまでに二二℃から徐々に上げて二三～二四℃を確保、最高温度は二七～三〇℃で維持したい。

ハウスの開閉は発芽期とちがい、朝は早く開け、夕方は遅めに閉めて、あまり高温にならないようにする。高温（三五℃以上）になると、花粉が死滅しやすく着果率が著しく低下するので注意する。以降、そのまま温度管理を続け、生理落果がおわり、着果が確認されたら、暖房機のスイッチを切る。またサイドビニールを落として屋根かけ状態にする。着果以降も高温に気をつけ落果を防ぐことが大切で、つねに三二℃以内の維持をはかる。

温度管理はハウスの周囲や中央部、それに樹冠最上部、赤道部、裾部などの温度分布の高温時と低温時のくせを園ごとに把握しておくことが大切である。とくに冷えやすい場所、高温になりやすい場所が限界温度に達しないよう心がける。

再被覆は秋風が立ちはじめる十月上・中旬からで、その後も谷間の開閉をして高温（三二℃以上）にならないようにする。低温は霜害、異常低温襲来など気象情報にそって二～五℃は確保するように努めたい。

⑤光環境の調節

冬季二～三月にビニール被覆加温し、梅雨明け前の六月には除去、秋季十月に再被覆して収穫後に除去する。この作業は早期出荷型栽培にとって重労働である。

被覆資材は七〇％程度が塩化ビニールからポリエチレン、つまりＰＯ系フィルム（ポリオレフィン）に替わっている。塩化ビニールは光線の透過度は優れているが、破れやすく、処分するのが大変だという短所がある。ＰＯ系フィルムは破れにくく軽いうえ、作業性に優れ、長持ちする長所がある。さらに環境への問題も少ないうえ、汚れにも強い。短所とされる光透過度もキンカンの生育を左右するほどではない。こすれに弱いがバンドレスにするなどで対応できる。本作型は年二回（収穫後から除去しないで発芽期を迎える栽培もあるが）の展張作業があるため、取扱いやすいＰＯ系がよい。

そのほかの光環境の調節（樹冠内部への採光・遮光ネット・細霧処理など）は完熟出荷型栽培の項を参照していただきたい。

⑥水管理・かん水

収穫終了後、乾燥気味の水管理によって深層の根域は水分不足をきたしている。十分なかん水が必要である。樹冠内部から外周部にわたり回数を重ねて深根域まで水分がいきわたるようにかん水し、根の健康回復をはかる。ビニール被覆後はとくに乾燥しやすく発芽にばらつきを生じやすいので、かん水、葉面散水（葉水）で樹に水ストレスを生じないようにする。このような水管理は開花する前まで続け、開花期はとくに葉水は花粉の破裂や落弁不良、灰色かび病発生を助長しないように注意し、一番花、二番花の満開時には葉水はしないことである。

この作型では着果期と細根発生のピークがずれるため、かん水による養分競合はおこらず、生理落果もない。樹体ストレスがかからないよう、適度のかん水は続ける。

着果が落ちつき肥大が始まってから着色期にいたるまでは、春肥や夏肥を十分吸収させ大玉果になるように、夏季のビニール除去後も天候を見ながらかん水する。かん水量は樹の繁茂状態にもよるが、一日の蒸発散量から一〇a当たり三tを基準に決めるとよい。

夏季はとくに表土が高温乾燥にさらされ浅根がいたむから、敷ワラ、敷草、ヤシガラなどで保護したい。

⑦土壌管理と施肥

早期出荷型栽培では果実の着果量が多く肥大もよいため、生産量はどの作型よりも多い傾向にある。

表5―3　早期出荷型栽培の施肥量
（宮崎県果樹栽培指導指針）

樹齢	収量 (t/10a)	チッソ (kg/10a)	リン酸 (kg/10a)	カリ (kg/10a)
3年生	2.5	15	12	8
7年生	3.0	20	16	10
成　木	4.0	25	20	13

注）適宜液肥の葉面散布は実施する
　12月中旬に完熟堆肥を2t/10a施用する

表5―4　時期別施肥割合（%）
（宮崎県果樹栽培指導指針）

樹齢	2月中旬	7月中旬	10月下旬
3年生	50	20	30
7年生	50	20	30
成　木	50	20	30

注）夏芽が発生する園では7月は施用しない

したがって多肥栽培になりやすい。生産力向上の基本は土つくりにあり、土壌団粒化、腐植による吸肥力強化（緩衝能増大）をはかったうえでの施肥でありたい。四年計画での放射状堆肥埋没、樹冠下を外へ外へと輪状に、または正方形状に三〇cm掘って堆肥などと土を混ぜるとか、土に馴じみやすいヤシガラの樹冠下施用とか、生産者の取り込みやすい方法で実践する。収穫後に完全に熟成した堆肥だと一〇a当たり二tを基準に施す。

夏季にはとくに表土が高温乾燥にさらされ浅根が枯れ込みやすい。ぜひとも敷ワラ、敷草、ヤシガラ施用などで表層根は保護したい。また土壌診断を行ない、石灰やマグネシウムなどの適正施用に努める。

なお、この作型では、夏芽の発生があると一番花の着果不良をきたすので、露地栽培で行なう春芽の発芽新伸長期、開花期の施肥はせず、春肥中心の施肥とする。チッソの場合、一度に一〇a当たり一〇kg（成分量）以内がよく、収穫直後～ビニール被覆前の間に二～三回に分施後、かん水する（表5―3、表5―4）。また、ある生産者は収穫してビニール除去後に配合肥料を施用、堆肥二～三t、石灰質肥料一〇〇kg（いずれも一〇a当たり）を施用、中耕してからビニールを被覆。着果確認後に速効性肥料を施用して好成績をあげている。キンカンはチッソ過多になると果実のきめが粗くなり、着色が遅れ裂果の原因となるので、土壌にあった施肥計画を立てることが大切である。

⑧葉面散布

樹勢回復を急ぐために収穫後ただちにかん水をはじめると同時にチッソ（尿素三〇〇倍内外）主体の葉面散布を五～七日おきに三回以上行なう。

次いで春芽の充実をはかり、良好な新梢（結果枝）を伸ばすため、三要素や微量要素を含む葉面散布剤（メリット青三〇〇～四〇〇倍など）を五日おき、三回以上散布する。さらに展葉から硬化期にかけては若い枝葉の養分吸収がもっとも高い時期であるとともに、花芽分化・発達期にあたるため、メリット青などポリリン酸を含む葉面散布剤を散布する。この時期旧葉が連年苦土欠で黄変する園では、マグネシウム剤（たとえば葉面マグ二〇〇倍）を定期的に散布する。

⑨着色の促進

生育の前進化につながる諸管理を周到に行なえば着色は順調に進むが、高温のうえに昼夜の温度較差が少ないと着色は遅れる。また着色期が多雨で日照不足でも着色はうまく進まない。果実の熟度を促し、着色の促進をはかる方法として実用化したのがさきにも述べた植物生長調整剤のエテホン液剤（商品名エスレル10）である（106ページ表4―4）。

着色促進剤エスレル10の効果的な使用法は、着色が三～四分以上に進んだ時期に五〇〇倍の濃度で一〇a当たり三〇〇lを散布することである。午前中はビニールを全開状態にし、昼間の高温は二四℃以下で抑える。湿度が低い場合には効果が出にくいので、かん水を行ない、散布後三日目には葉水して、落葉防止に努める。エスレル散布が終わるまではビニール被覆をしておくことも大切である。

(5) 収穫・選果

この作型は早期出荷が目的であるが、青切りでは商品にならない。八分着色以上になってから収穫をはじめれば出荷時期には完全着色するといわれるが、完全着色にいたり自分で試食して満足するような品質になってから収穫し、出荷したいものである。着色の進んだものだけを選んで収穫すると、残った果実の着色が遅れることがあるから注意する。十二月末までに収穫を終えたい。

収穫方法は完熟出荷型のものより果皮の障害はうけにくいが、やはり一果でも消費者のもとに腐敗果が届かないように、ていねいに取り扱わなければならない。そこで二度切り収穫法を励行する。採果カゴやコンテナにもスポンジやマットを用い、移しかえや運搬時にも細心の注意が必要である。

出荷、選果については、完熟出荷型栽培で述べたことを参考にしていただきたい（109ページ表4―6、111ページ表4―7、112ページ表4―8参照）。

4　栽培事例

(1)　露地栽培――防鳥ネット利用による安定多収生産

河野国義さん　宮崎県日南市

◎経営の概要

南向き緩傾斜地の非火山灰土壌で二〇a経営、ニンポウキンカン二〇年生で一〇a当たり一三〇本植え、三年間平均収量は一〇a当たり四・〇t。労働力は本人、妻の二人で定年就農者で本格的な栽培への取組みは一九九三（平成五）年からである。

◎経営・技術の特徴

年間を通じて、青い防風ネットをキンカン園に被覆している（170ページ図5―14）。鳥害防止が目

図5―14　露地キンカンのネット栽培

的である。網目三・五cm四方のネットを、少し緩み気味に張ることで網目をさらに狭くして、メジロ以上の大きさの鳥が侵入しないようにしている。おかげで生産量の四〇％に及んでいた鳥の被害を回避できるようになった。経費は、一〇a当たりネット三万円（耐用年数五年）で、支柱には竹を利用し、部分的に鉄線を張る程度で安価な施設である。

なお、ネットを被覆したことでゴマダラカミキリの被害も軽減されている。

◎多収のポイント

（a）新梢の長さ二〇cmにそろえる。せん定後、三本程度に芽かきを行ない、新梢緑化後には、重なり枝を中心に全新梢の五％程度を間引く。樹冠への日照確保が早期開花へつながり、肥大も良好で、大玉果生産が可能となった。

（b）摘果。果実肥大をみながら、摘果を実施している。

（c）敷草投入による土つくり。飼料のソルゴー一六a分を年間に二回刈取り、敷草にしている。

(2) 完熟出荷型栽培——適期管理で高品質・多収を可能に

友部利美さん　宮崎県串間市

◎経営の概要

平坦地の黒色火山灰土壌での栽培で、ニンポウキンカン一〇年生、一〇a当たり一二〇本植え、三年間平均収量は一〇a当たり三・五t。労働力は本人、妻の二人でともに会社勤めで休日を利用した経営である。

◎多収のポイント

(a) 樹形は主枝二本を樹の中央に配したピラミッド型で、樹冠内部まで日照が届く整枝法である。

(b) pH六前後の弱酸性を目標に土つくりを行なっている。ウニガラ（注）一〇a当たり五〇〇kgや石灰質肥料を施用している。

（注）ここでは成功しているが、酸度を調整していない卵ガラ、貝ガラ、ウニガラの多量の連用はのちに石灰質過剰となってマンガン欠乏などの支障をきたすので要注意。

(c) 着果安定をねらった温度と水管理の実践。開花期の夜温は一八℃以下にならないよう調節し、適温確保に努めている。また、かん水による空中湿度の保持で安定着果量を確保している。

(d) 摘果は仕上げを早め、2L果率七〇%と大玉生産をしている。一回目（八月下旬）は三番果を中心に小玉果を摘果し、ほぼ仕上げ摘果のつもりで行なう。さらにもう一度九月中旬にも見回り、見落し果を摘果して完了させている。

とくに地域の栽培管理指針を中心に、生育に応じた適期管理で多収高品質果実生産を実現している。

(3) 早期出荷型を中心に三作型＋マンゴーの複合施設栽培
——完熟堆肥施用の根づくりが支える連年多収、大玉生産

熊給《くまきゅう》 義徳さん　宮崎県串間市

◎経営の概要

平坦地の黒色火山灰土壌でキンカン専業からマンゴーを導入。ニンポウキンカンは露地栽培二〇a、二五年生、平均収量二・五t。完熟出荷型栽培一七a、十五年生、平均収量三・〇t。早期出荷型栽培三八a、二五年生、平均収量四・五tで、キンカン総面積は七五aにのぼる。すべて一〇a当たり一〇〇本植えである。

さらにマンゴーの施設栽培一五a、五年生平均収量一〇a当たり一・五tを生産している。労働力は本人と妻の二人であるが、キンカン収穫期には雇用労働で対応している。

◎経営・技術の特徴

キンカン専業から労力配分上、マンゴーの施設栽培を導入し、家族労力を活かした果樹専業経営で

ある。マンゴーは収穫期の五～六月がもっとも忙しく、その時期はキンカンは比較的ヒマなため労力配分の相性がよい。

◎多収のポイント

（a）主枝二～三本を樹の中央に配し、開心自然形で樹冠内部まで日照が届く整枝法。

（b）新梢緑化前後の夜温一六℃からハウス内温度を上げ、一八℃で開花結実を安定させるよう管理（早期出荷型）している。

（c）摘果は三回で徹底し、2L果率八五%と大玉果生産を実践。一回目（八月下旬）は三番果を中心に小玉果を粗摘果し、二回目（九月中旬）は仕上げ摘果を目標に、三回目（十月中旬）には再度見直して小玉果の摘果を行なっている。

（d）完熟堆肥による根づくりは、毎年一〇a当たり三tを投入している。

(4) 早期出荷型を中心とした三作型十カンキツ専業経営
――秀品率、2L果率とも九〇%超える早期出荷型栽培

内門《うちかど》章一さん　鹿児島県川辺郡川辺町

◎経営の概要

標高一〇〇m、東向き傾斜五度。黒色火山灰土壌、年平均気温一六・五℃。

ニンポウキンカンは露地栽培四〇a、二分の一が二五年生で残りが一七年生。ともに平均収量一〇a当たり二・〇t。完熟出荷型栽培二〇a、二二年生、平均収量一〇a当たり三・五t、早期出荷型栽培三〇a、二二年生平均収量一〇a当たり四・〇tでキンカン総面積は九〇aになる。みな一〇a当たり一〇〇本程度である。さらに極早生ウンシュウミカン一六五a、デコポン施設栽培二〇a、露地栽培三〇aでカンキツ総面積は三〇五aにのぼる。

労働力は本人と妻および母の三人であるが、収穫期など労力の不足時には雇用労働で対応している。同時に可能な限り機械化し作業能率の向上をはかっている。

◎経営・技術の特徴

亡父良男氏は昭和三十八（一九六三）年一〇〇aのキンカン栽培をカンキツ経営に取り入れた先駆者で、無加温ハウスの導入も早かった。現在はそのキンカン園は若返り、すでに成園と化したが、カンキツ専業経営のなかでもキンカン、とくに早期出荷型栽培は経営の柱の一つになっている。

川辺町は内陸地のため、気温と生育との関係が重視され、良男氏は一番花は最低温度が一八℃を超えると出蕾開花することに着目、ハウスの温度管理の基礎を築かれた。その技術が現在も活かされ、秀品率、2L以上の大玉果率も九〇％をクリアしたという。

また十一～一月上旬まで出荷が続けられ、内陸地でのキンカン栽培の可能性を実証した園地ともいえる。

◎多収のポイント

（a）有機質の投入による地力の増強に努めている。

（b）摘果、防除の徹底を実践している。

（c）理想的な樹形である開心自然形の三本主枝仕立てを行なっている。

（d）花の時期の夜温と、昼の高温に気をつけた温度管理をしている。

また、ハウスの温度分布に振れがあり、設定温度二三℃（中央）のときサイド側は一九℃になるとか、樹高の位置との差などを園ごとに会得してこそ、適正な温度管理はできる。温度管理は換気扇とサイドビニールを利用しており、天候の変化や季節の変化にもシビアに対処する技術を身につけることが肝要であると指摘している。

第6章 病害虫防除と生理障害対策

1 おもな病害虫と防除法

(1) 病　害

①そうか病

葉の病徴は目立つが、若い枝や果実にも発生する。表面がイボ状にもり上がったり、かさ（瘡）状を呈する。病原細菌は雨で伝播され、風によって飛散して、若い組織から侵入する。侵入したら防除法はない。キンカンはウンシュウミカンより強いが、経済栽培では春芽が二～三mm動いた発芽期に、

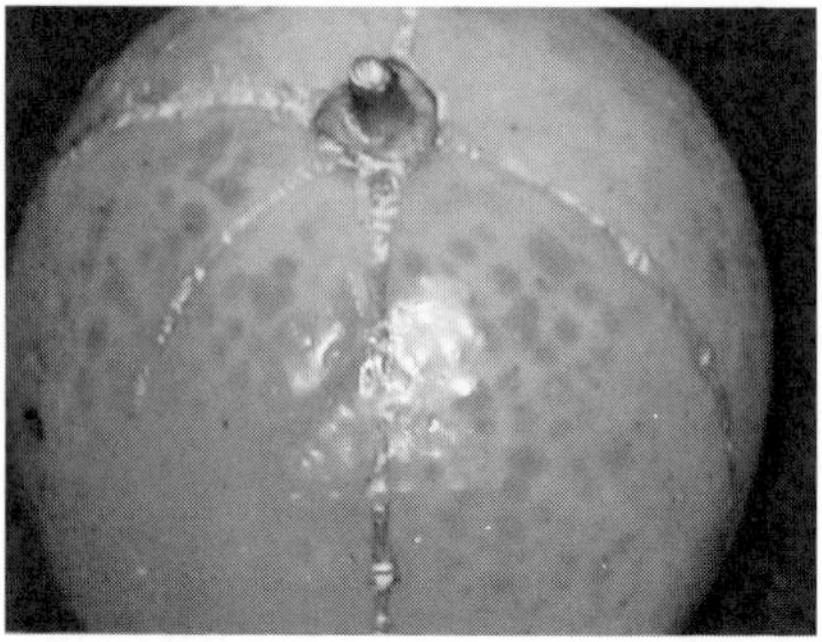

図6―1　灰色かび病が原因といわれている放射状痕

ジチアノン水和剤（デランフロアブル、一〇〇〇倍）などで予防する。

②灰色かび病

花弁に病原菌が寄生し、脱落しないで幼果に付着し、落果を促す。軽いものは収穫時まで傷果として残る（図6―1）。灰色かび病菌の胞子はいつも空中を飛散しており、接触伝染する。落弁期に雨が多く、多湿条件になると多発する。

対策は枝をゆするなどして花弁を落す。またはクレソキシムメチル（ストロビードライフロアブル、二〇〇〇倍）などを一番花、二番花または三番花の老花落弁期ごとに散布するが、本病菌は薬剤耐性がつきやすいからフルアジナム水和剤（フロンサイドSC、二〇〇〇倍）ほか認可されている薬剤などを用い、重複散布はさける。

③黒点病

枝、葉、果実に発生するが、果実の被害が問題となる。完全着色すると果面に黒点が密集あるいは散在して目立ち、外観を損ない商品としては取り扱われない。

本病害は雨媒伝染性で、伝染源は枯れ枝である。とくに五～一〇mm径の枯れ枝で保菌率が高く、高樹齢の園で多発する。

おもな感染時期は梅雨期、八～九月である。病原菌は枯れ枝のみで繁殖するので、枯れ枝はせん定時だけでなく、五～八月を重点に枯れ枝切りをし、必ず埋没するか焼却する。開花期ごとの防除は灰色かび病にも効く農薬で同時防除するが、感染時期の雨の降り方をみて、マンネブ水和剤（エムダイファー水和剤、六〇〇～八〇〇倍）、マンゼブ水和剤（ペンコゼブ水和剤、六〇〇～八〇〇倍）を散布する。なお防除の目安として、降水量二〇〇～二五〇mmに達したら次の散布を行なうことがすすめられている。

④褐色腐敗病

果実のみに発病、腐敗する。病原菌は土壌中に生息し、水中でよく増殖する。雨滴、かん水時の土壌のはね上がりと、溜め水の葉水に注意する。

敷ワラ、枝吊りには予防効果がある。台風などの降雨後は早めに薬剤散布して予防する。適用薬剤はホセチル水和剤（アリエッティ水和剤、五〇〇倍）などがあり、溜め水消毒用には次亜塩素酸カルシウム（ケミクロンG、有効塩素量一～五ppm）がある。

⑤そのほかの病害

黄斑病は八月ころから葉裏に油浸状斑が出てその周辺が黄斑状となり、黄斑中に褐色小円星形病斑が発生し、冬季から初夏にかけて落葉する。類似症状ににせ黄斑病があるが病果菌を異にする。黄斑病は樹勢の弱い園に多いが、にせ黄斑病は夏枝の樹勢が強い園にでる傾向があり、カルシウム、マンガン、亜鉛などの少ない樹に発生しやすい。

対策は両者とも肥培管理をよくし、緑化を待って炭酸カルシウム（クレフノン、二〇〇倍）を加用した銅水和剤（コサイドボルドー、二〇〇〇倍）、ジネブ、マンゼブ水和剤（六〇〇倍）を散布する。

露地栽培や早期出荷型栽培で簡易貯蔵、出荷輸送期間が長い場合に貯蔵病害が発生する。その予防は収穫七日前までにイミノクタジン酢酸塩液剤（ベフラン、二〇〇〇倍）を散布する。

(2) 害虫

①ダニ類

キンカンで問題になるのはミカンハダニとチャノホコリダニである。ミカンハダニは葉や果実に寄生し、表層の細胞を壊死させる。葉緑粒が減少して光合成作用を低下させ、果皮色は紅の薄い黄色っぽい果実となる。早期出荷型ハウスでは吸気口の真下やサイド近くの樹でまず生息数が増加する。

ダニ類防除の基本は発芽前にマシン油乳剤（ハーベストオイル、一〇〇倍など）を入念に散布し生息密度をゼロ近くに低下させることである。ハダニの発生が認められたらダニ剤を散布するが、発見が遅れると、多発後の防除は効きにくいから、つねに観察をして発生初期に防除する。ダニは薬剤耐性がつきやすいので、同一薬剤の使用は年一回とする。

チャノホコリダニは幼果のがく片の下部に生息して果実を加害する。被害果は白みの強い褐色の皮膜で覆われ、商品価値は失われる。防除の適期は花弁直後にトルフェンピラド水和剤（ハチハチフロアブル、二〇〇〇倍）などを散布する。

②コナカイガラムシ類

白い粉（ロウ物質）を吹いたようなカイガラムシで、日当たりの悪いところにいる。しかも隙間に入り込む性質があり、葉や果実が重なりあった場所に多く生息し、分泌物にすす病が誘発され果実の外観を損なう。

体表面がロウ物質で覆われていて、薬液がかかりにくい。したがって防除は幼虫発生盛期（六月中・下旬、七月上・中旬、八月中・下旬）をねらい、高圧で十分な薬量を散布する。適用薬剤はアセタミプリド水溶剤（モスピラン、二〇〇〇倍）、ブプロフェジン水和剤（アプロード、一〇〇〇倍）、マルカイガラムシ、ツノロウムシなどがいればＤＭＴＰ乳剤（スプラサイド、一五〇〇倍）などを散布する。

③スリップス

古くからアザミウマと称し、英名のスリップスは俗称。キンカンの加害が認められているのはチャノキイロアザミウマである。開花中の子房の周辺に集まっている体長一mm程度の小昆虫で、五～十月にかけてカンキツ類の新梢と果実を吸汁、加害する。子房から幼果になりかけのころ、がく片と果皮

図6―2　果実の吸汁痕はチャノキイロアザミウマ，葉の吸汁痕はカスミカメムシ（微小昆虫）のもの
近年，両者とも多発している

の隙間に潜入して果皮を食害し、おもにバリング状の傷をつける。図6―2のような幼果にかさぶた状の褐色点の吸汁痕も認められている。

防除は一番花の開花直前新梢を含め入念に散布し、開花期ごとの落弁期をねらった散布を続ける。適用薬剤はアセタミプリド水溶剤（モスピラン、二〇〇〇～四〇〇〇倍）、クロルフェナビル（コテツフロアブル、五〇〇〇倍）、アセフェート水溶剤（ジェイエース、一五〇〇倍）などを使用回数を厳守して散布する。

④カメムシ類

キンカン園で問題になるカメムシ類はカスミカメムシとチャバネアオカメムシ、ツヤアオカメムシなどである。カスミカメムシは、新梢伸長・展葉期（露地栽培、完熟栽培では五～六月）に発生して図6―2の葉にみられるごく小さな吸汁痕が多発する。チャバネアオカメムシとツヤアオカメムシは増殖源がヒノキとスギで知られている。これらは八月に入ってから飛来し、幼果に口針を挿し込んで吸汁し落果させる。

両者とも飛来を認めたら早めに防除しなければ集中飛来する習性がある。適用薬剤はビフェントリン水和剤（テルスター、一〇〇〇倍）、ジノテフラン（アルバリン、二〇〇〇倍）などがある。

⑤そのほかの害虫

苗木を育てるときや幼木・若木で樹冠拡大のため夏秋梢を伸ばすときに若葉を加害するのがミカンハモグリガ（エカキムシ）である。暖地は発生が早く、遅い春葉から被害があるので注意する。防除にはアセタミプリド水溶剤（モスピラン、四〇〇〇倍）、イミダクロプリド（アドマイヤーフロアブル、四〇〇〇倍）など七〜一〇日おきに散布する。

図6—3　ゴマダラカミキリの成虫
幼虫が幹に侵入食害，幼木は枯死する

若木から成木まで油断できないのがゴマダラカミキリ（天牛）である（図6—3）。六〜九月に羽化成虫が葉や緑枝をかじり、幼虫は幹を食害する。虫ふんを出すので加害が発見できる。

防除には、早期に枝をゆすって成虫を落し捕殺するか、産卵防止に地ぎわ部に防虫用金網を巻きつける。あるいは虫ふんの出た穴に針金などを入れて捕殺するなどがあげられる。生物的防除法と

図6―4　訪花害虫コアオハナムグリ

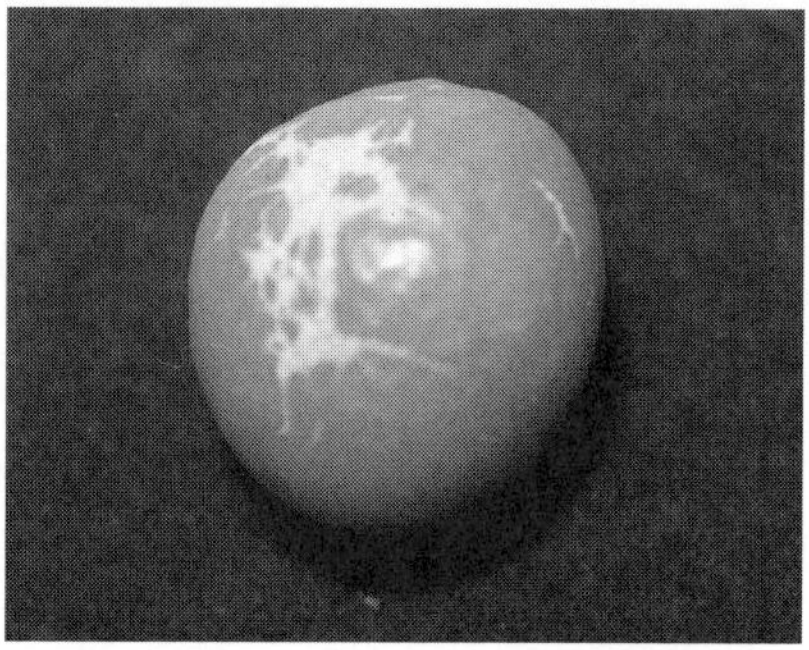

図6―5　コアオハナムグリによる傷害果

してボーベリア菌による、バイオリサ・カミキリ、フォールドタイプ製剤の利用もある。

ウスカワマイマイとナメクジは果実を食害する。着色期以降の長雨はこれらの被害を大きくする。対策としてはナメクジ駆除剤の地面散播（夕刻使用）と、果実の重みで地面についた枝の吊り上げを行なうことである。

訪花害虫による傷果の発生もある。さきのスリップスも同じだが、開花二～三日中にコアオハナムグリ（図6―4、図6―5）や、ヒメヒラタケシキスイは花器にもぐる。これらは花蜜を多く求め、一つの花にながく留まる性質があり、このとき爪によって傷つけられたものである。キンカンの傷果についての区分の調査が見あたらないが、スリップスと同時防除するとよい。

2　生理障害対策

(1) 裂　果

収穫直前に果皮が薄い果実に発生する。裂果したものは商品にはならない。裂果の生理的原因は果皮部と果肉部との発育のバランスの崩れにある。とくに成熟期に達したあとに果肉部が急激に養水分を吸収して発育に拍車がかかった場合になりやすく、果皮組織の薄く弱い部分に亀裂が入ると日一日と亀裂が広がり裂果になる。成熟した果皮は内外からの物理的な働きへの耐性を失うことも影響している。

裂果が発生しやすい時期の降雨はハウス被覆園では雨よけ効果で防止できるが、露地栽培園では急変するような土壌管理はせず、果実肥大期より敷ワラ、敷草などを行ない対応する。なお着色促進剤の処理適期より早い使用は裂果を助長する。

(2) 日焼け

キンカンの日焼けは果実の陽光面の果皮が退色、平面状にへこみ硬化し、炭そ病菌が二次的に寄生

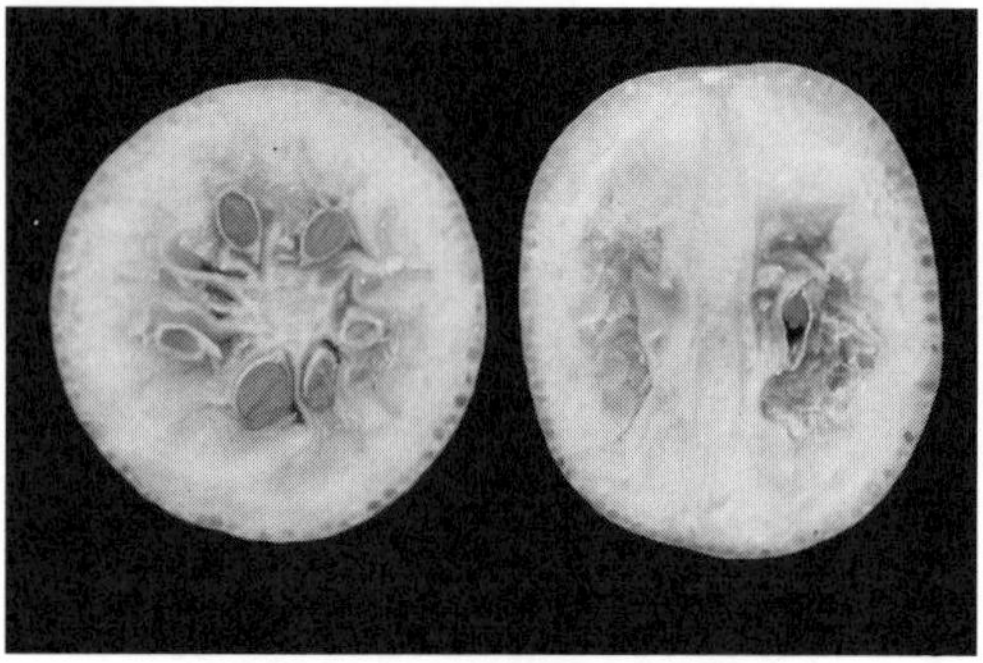

図6—6　「す上がり」した果実

し、商品にはならない。

発生要因は高温害である。気温が三〇℃でも天成りキンカンなどでは果面は四〇℃を超す。長期高温にさらされると一日で致命的となる。軽減対策は風通しの改善と遮光ネット被覆、炭酸カルシウムの散布である。

(3)　す上がり

キンカンのす上がりは、完熟キンカンの出荷期に問題になる果実内部の水分不足である（図6—6）。この発生の原因解明は宮崎県亜熱帯作物支場で行なわれた。その結果、満開後、三〇〜六〇日の幼果期に高温（三三℃以上）へ遭遇した頻度が高まると発生することがわかっている。また、この時期は砂じょう数が増加し細胞に水分を含む液胞期で、幼果が急激に肥大する時期とほぼ一致する。

対策は寒冷紗などで被覆し温度を下げる必要があるが、必要以上の被覆は肥大や着色を悪くする。したがって、101ページでも紹介した細霧噴霧装置の開発を行ない、検討を続けている。

第7章 キンカンの機能性と加工の実際

1 果実の成分と薬効を活かす

(1) まるごと食べて健康に――キンカンの成分とその機能性

①キンカン成分の特徴

『五訂増補　日本食品標準成分表』（文部科学省科学技術・学術審議会資源調査分科会報告書）のキンカンの項目をみると19ページ表1―2に示したとおり、廃棄率はタネとヘタの六%のみで、九四%が可食部である。ウンシュウミカン（以下ミカン）の可食部八〇%からみると廃棄率が少ないうえ、

表7―1　ニンポウキンカンの果実成熟に伴う糖組成の推移（%）

（橋永）

	10月18日	11月1日	11月15日	11月29日	12月13日
〔果肉部〕					
果糖	1.5	2.5	3.0	3.4	3.3
ブドウ糖	2.0	2.3	2.4	2.6	2.7
ショ糖	1.9	3.3	3.8	3.8	4.7
全糖	5.4	8.1	9.2	9.8	10.7
〔果皮部〕					
果糖	3.0	3.4	4.0	4.3	4.6
ブドウ糖	2.6	2.8	3.1	3.1	3.7
ショ糖	2.1	3.6	3.7	5.2	4.8
全糖	7.7	9.8	10.8	12.5	12.7

キンカンは皮ごと食べるから、消化をよくする食物繊維がミカンの約五・四倍の四・六gあることが特徴である。

エネルギーが七一kcal／一〇〇gでミカンの一・五倍。ミネラルではカルシウムがとくに多く、ミカンの約四倍もある。ビタミンAは平均的で、このビタミンAの前駆物質であり発ガンを抑制するといわれているクリプトキサンチンは一〇〇g当たり二〇〇μgでミカンの約九分の一とかなり低い。しかしビタミンCは四九mgでミカンの約一・五倍、ビタミンEは二・六mgでミカンの約七倍も含まれている。この成分表からキンカンは丸ごと生食でき食物繊維が多く、ビタミンCやカルシウムも多い果実ということができ、立派な健康食品である（19ページ表1―2参照）。

②糖・酸の組成と含量

ここではすべて露地栽培の果実で調べた結果の紹介

になるが、まずキンカン果実を果肉と果皮別に経時的に糖含量を調べたのが、表7―1であり、最初から果皮部の糖度があがっているのはキンカンの特性であり、皮ごと食べる果物にとって好都合である。また、そのほかの種よりニンポウキンカンの糖分は高い（39ページ図2―19、40ページ図2―20）。

糖の組成は果肉部、果皮部ともにショ糖、果糖、ブドウ糖の順に多いが、ショ糖の占める割合がミカンなどより少なく果糖が多いことは糖度が同じ場合、キンカンのほうが甘く感じることになる（37ページ図2―16参照）。

果皮部の酸はほかのキンカンより低く、そのなかでも有機酸組成はリンゴ酸が多く、クエン酸は約四分の一であるが、果肉部ではクエン酸が約五分の四を占めている（37ページ図2―17）。

③風邪に効く成分は

風邪の症状は鼻汁、鼻づまり、咽《のど》の痛み、咳《せき》や痰《たん》がでたりする呼吸器症状から、発熱、頭痛、倦怠《けんたい》感などの全身症状に進み、自然に治ることが多い。この間、エネルギーが消耗し、ビタミンAやCも消耗するから、エネルギー源である糖質とビタミンの補給が必要となる。

キンカンはビタミンCが豊富で、古くから風邪の予防に利用されてきた。また漢方薬として、陳皮が有名であるように『中薬大辞典』（一九七七、上海人民出版社）によると、キンカン（金橘・金弾）には果皮中にビタミンCの八〇%が含まれていること、痰を化すとか百日咳を治すという文言が見られる。タネにも喉痺を治す、根にも痰が詰まり気が逆上するのを治すと記されている。また葉にはビタミンCを含み、その含有量は果実より多いとか、フラボノイドの一種のノビレチンやタンゲレチンなど多くの成分を含んでおり肺気を散らすとも書かれている。『果物の真実』(間苧谷徹編著、二〇〇〇、化学工業日報社)の「果物は疲労回復、風邪に効く」の項によると、カンキツ類にはシネフリンという交感神経興奮作用をもつ成分が含まれており、気管支などの拡張作用をもち、ノビレチンは抗炎症作用や抗アレルギー作用があるという。

また、一般的な風邪薬は対症療法的に喉の痛みや咳を和らげるために飲んでいる。キンカンにしても多くの成分の相乗効果で、風邪の症状の緩和に一役買っているのであろう。

(2) 楽しみ方いろいろ

キンカンは完熟キンカンが出回るようになって生食用としても見直され、注目を浴びるようになった。生産サイドからも完熟出荷型栽培の確立によって生産量の増加と安定、収益性の向上とつながり産地活性化に寄与している。

露地キンカン時代は生食もさることながら、シロップ煮(甘露煮)がもっぱらで、保存の利く食材として重宝がられていた。その調理法はまさに家庭の味として、漬物同様に家伝とされてきた。家や地域ごとに甘味料の種類や量が異なり、酢とか焼酎などの隠し味、またはあく抜きの要領なども異なっていた。これらのこだわりは強く、酢や焼酎の製造元を決めている人もいるようだ。近年は市販品に頼る傾向があるが、以下の項で紹介するように、キンカンにもいろいろな加工や調理の仕方がある。アイデアを活かしたキンカンの利用法を編み出して楽しんでいただきたい。販売にまで広げるためには商品としての中味、外見、容器、ブランド化など試行錯誤しながら客観評価を得ること。もちろん個人で製造販売するか、グループを組むかなどの企業形態、資金面、販路など経営センスを磨くことが先決である。焦らず、おごらずに小規模からこつこつと始めたい。同業者からの教授も望まれるが、誰にも企業秘密があるから、個性のある自分流のノウハウの開発が大切である。

2 キンカンの加工と調理

(1) 砂糖漬け（糖果）

［材　料］

キンカン　一kg、砂糖　一kg、グラニュー糖　一〇〇g

［つくり方］

①キンカンはよく洗い、たてに六～七本の切れ込みを入れ、できるだけタネを取り除く。

②①を鍋に入れ、水をキンカンの上まで入れて、八〇℃以内で五分煮てからゆでこぼし、再び水を

加えて、キンカンが柔らかくなるまで煮て、ふたたびゆでこぼす。そのときにキンカンから出てきたタネや実に残っているタネを取り除く。
③砂糖を二～三回に分けて加え、中火で汁がなくなるまで煮る。
④③をバットかざるに広げて風乾し、グラニュー糖をまぶして十分乾燥させて保存する。

(2) シロップ煮（甘露煮）

図7―1　キンカンのシロップ煮

［材料］
キンカン　八〇〇g、砂糖　一八〇〇g、水　一二〇〇cc
［つくり方］
①キンカンの皮にフォークや楊枝で穴を数カ所開ける。
②たっぷりの熱湯で①を四～五分ゆで、ざるにあげる。この作業をもう一度くり返す。
③鍋に砂糖六〇〇gと水を加える。弱火で砂糖を煮溶かす。
④砂糖が溶けたら②を入れ、弱火で三〇分ほど加熱する。
⑤火を止めてから残りの砂糖の半量を加え、三〇分ほど加熱する。

⑥火を止めてから残りの砂糖を加え、三〇分ほど加熱する。

◆糖液は一度に浸透しにくいので徐々に果実に浸透させていく。

◆鍋から急に果実を取り出すと温度差でしわがよるので、鍋のなかである程度冷ましてから盛りつけたり、保存用のビンに移す。

(3) マーマレード

[材料]

キンカン　一kg、グラニュー糖　約九〇〇g、クエン酸　九g（仕上がり時の酸の状態〇・五%）、

水　三〇〇cc

[つくり方]

①キンカンはタネを除き、粗く刻む。

②鍋にキンカンと水を入れ、グラニュー糖三〇〇gを加え、加熱する。そのあと残りのグラニュー糖を二回に分けて加える。最後のグラニュー糖にはクエン酸を混ぜてから加える。

③糖度が六〇度になったら火を止め、熱いうちに殺菌したビンに詰め、脱気・殺菌する。

(4) ゼリー

[材料] (ゼリー型四個分)
シロップ煮(甘露煮) キンカン 四個、シロップ液 三〇g砂糖 三〇g、粉寒天 四g、水 五〇〇cc

[つくり方]
①鍋に水を入れて弱火にかけ、沸騰する前に粉寒天を振り入れる。
②シロップ液を入れ、よく混ぜながら二~三分沸騰させ火を止める。
③キンカンのシロップ煮を一個ずつ型に入れる。
④②の寒天の粗熱がとれたら型に注ぎ入れる。
⑤冷蔵庫に入れ、二〇~三〇分冷やして固める。
⑥型からはずして盛りつける。ゼリーのなかにうかぶキンカンが涼しげでおいしい。
◆粉寒天は必ず九〇℃でよく煮溶かす。
◆型からはずれにくいときは六〇℃程度のお湯にさっと浸すとはずれやすくなる。

(5) ジャム

[材料]

キンカン 一kg、グラニュー糖 約九〇〇g、クエン酸 九g（仕上がり時の酸の状態〇・五%）、水 三〇〇cc

[つくり方]

①キンカンはタネを除き、粗く刻む。

②キンカンと水をミキサーにかける。

③鍋にミキサーにかけたキンカンとグラニュー糖三〇〇gを入れ火にかけ、加熱する。そのあと残りのグラニュー糖を二回に分けて加える。最後のグラニュー糖にはクエン酸を混ぜてから加える。

④糖度が六〇度になったら火を止め、熱いうちに殺菌したビンに詰め、脱気・殺菌する。

(6) 果実酒（キンカン酒）

[材料]

キンカン 一kg、氷砂糖 四〇〇g、焼酎（ホワイトリカー） 一*l*

［つくり方］

①密栓ビンは熱湯で洗い、よく拭いておく。

②キンカンは水洗いして、水けをよく拭き取る。

③密栓ビンにキンカンと氷砂糖、焼酎（ホワイトリカー）を入れる。

④二カ月後くらいからキンカンのさわやかな香りの酒になり、飲める。

◆六カ月ほどたてばキンカンの香りも味わいもうつりきるため、果実を引き上げてよい。

(7) キンカン湯

前記のキンカンのシロップ煮（甘露煮）でできた液に熱い湯を適量加える。体がほっと温まるキンカン湯になる。

(注) (1)は『家庭でつくるこだわり食品4くだもの』矢住ハツノ、一九八九、農文協による。(2)〜(7)は宮崎県食品開発センターの指導による。

3　加工販売事例

(1)　金柑ジャムで家族経営の有限会社へ転換

清木場《せいこば》真一さん　鹿児島県南さつま市　清木場果樹園

①生いたちと企業形態

南さつま市加世田（旧加世田市）は〝薩摩金柑〟の生産地として知られている。清木場さんは代々カンキツ専業経営を営み、現在もカンキツ類約二〇〇ａほどのほか、キンカン約九〇ａの栽培を続けている。キンカンは減農薬の完熟出荷型栽培で生産され、生食用の完熟キンカンとして出荷していた。しかし一〇年ほど前、異業種クラブとの交流を契機に自家生産物の加工販売を思いたったという。

試行錯誤のすえ、本格的に動きはじめたのは「くろず金柑」（次ページ図7―2中央）の開発により商品化のめどがついた二〇〇一（平成十三）年からである。

財団法人 日本特産農産物協会認定（二〇〇五年度現在、全国で一一七名）の「地域特産物マイスター」の資格を取得。「金柑ジャム」は日本経済新聞ＮＩＫＫＥＩプラス１（生活情報紙）紙上の「食

図7－2　清木場果樹園の主力商品三種
「くろず金柑」（中央），金柑ジャム（右：ストレートタイプ，左：マーマレード）。「くろず金柑」で商品化を決意。「金柑ジャム」で食のプロに認められて軌道に乗った

の専門家が選ぶ〝朝食におすすめジャムベスト一〇〟」（二〇〇六年二月）では、国内外の数あるジャムのなかでみごとランクインしている。

企業形態は本人、妻、父の三人と雇用者一人の計四名、有限会社清木場果樹園を設立し、販売責任者を本人がつとめている。

②キンカンの加工食品と特徴

●金柑ジャム

原料は自社栽培のキンカン、奄美大島のきび砂糖、種子島のサツマイモから抽出したクエン酸とすべて厳選した鹿児島産を使用。キンカンのさわやかさと甘酸っぱさが絶妙でパンにもヨーグルトにもぴったり。糖度は四〇度。しつこくない、ほどよい甘さである。

●くろず金柑

二〇〇五（平成十七）年、加世田市ふるさと産品コンクール奨励賞受賞産品で、自社栽培の完熟キン

カンを、鹿児島県福山町産の黒酢（つぼ酢）に奄美大島のきび砂糖で煮込んだ、ヘルシーな製品である。

●金柑コンポート（金柑漬け）

コンポートとは果物の砂糖漬けのことである。自社栽培の完熟キンカンをきび砂糖で漬けた、甘さひかえめで糖度三五度程度の袋詰め製品。

図7−3　「金柑茶」

●金柑ピューレ（金柑ソース）

ピューレとは裏ごしした食品の総称である。自社栽培の完熟キンカンでつくった金柑ジャムをさらにじっくりと煮込んだ金柑ソースで、キンカンのさわやかな甘酸っぱさがヨーグルトやプリンにあう。また鶏や鴨など肉料理のソースにもよい。二〇〇五（平成十七）年、加世田市ふるさと産品コンクールで加世田商工会議所会頭賞を受賞。

●金柑茶

すっきり自然な甘さのハチミツのなかに自社栽培の完熟キンカンをそのままスライスし、きび砂糖、サツマイモから抽出したクエン酸を加味したお茶（図7—3）。お湯に小さじ二〜三杯入れ、よくかき混ぜて飲む。牛乳で割ってもおいしい。

ドリンク以外にもマーマレードの代わりにトーストやホットケーキにつけたり、ヨーグルトやアイスクリームのトッピングにして楽しめる。

③加工品の販売

「完熟金柑ジャム&ソース」「金柑漬」、それに生食用完熟キンカンを加えて、全国の高級フルーツショップ、料理屋をはじめ、成田山お供物所・亀谷堂、スーパーイズミ（広島県）などで取り扱っている。

もちろんここに紹介した品々は、インターネットで「清木場果樹園」を検索しホームページを開けば容量・価格などくわしく記載されており、会社情報なども見られる。地方発送も盛んに行なわれている。

(2)「捨てるなんてもったいない！」六人の女性グループが規格外品を活かしてつくるキンカンの菓子

葛城《かつらぎ》益子さん　宮崎県東臼杵郡美郷《みさと》町　村の果菓子屋　代表者

①生いたちと企業形態

宮崎県の北部、耳川の中流域に美郷町西郷区（旧西郷村）はある。中山間地域の活性化作物として一九九〇（平成二）年に完熟出荷型（ハウス）栽培を導入した新しい産地で、現在二八戸の農家が八四〇aを栽培している。すでに一二〇tを上回る出荷販売に達し、地場産品の目玉にまで成長した。

みやざきブランド品である完熟キンカンは厳しい規格で出荷されるため、その規格外品を有効利用して付加価値をつけようと、一九九七（平成九）年に「村の果菓子屋」（図7―4）を設立、キンカン生産農家でお菓子づくり大好きな主婦たちが頑張っている。

NHKの「ふる里を食べよう・宮崎の味コンクール」で入賞するなど、宮崎県で活躍する女性農業者として注目を集めている。

図7―4　「村の果菓子屋」の店舗
6人のキンカン生産農家の主婦たちで創業，中山間地キンカンづくりも活性化している

企業形態は県や町、JAの応援のもと、キンカン生産農家直営の任意団体で、六名の主婦が構成メンバー。その「村の果菓子屋」の代表者を葛城益子さんがつとめている。

②キンカンの加工食品と特徴

●果実美人（キンカンゼリー）

地元西郷区産の完熟キンカンの最高級ブランド〝たまたま〟級のものを細かな手作業でつくり上げた贅沢なゼリー。果実は二分の一に切ってタネを取ってある。

図7−5　「きんかん大福」は村の果菓子屋自慢の逸品

キンカンをベースにしたお菓子のアイデア商品が次々にデビューしている

この完熟キンカンゼリーは甘さを抑えたゼリーとのバランスが絶妙であっさりしている代表的な人気商品。保存料は使用せず熱殺菌してあり、常温で一カ月日持ちする。

●大斗の雫（水まんじゅう）

材料の完熟キンカンとアズキはもちろん地元産を使ったくずまんじゅう。くず粉のひんやりとした口ざわりが、西郷区の名所大斗（おせり）の滝を連想させる。日持ちは三日間。

●かかしの宝箱（ブランデーケーキ）

しっとりとしたバター生地に完熟キンカンのつぶつぶが混じり、地卵とブランデーがこれを支えて調和した飽きのこないケーキ。日持ちは常温で二週間。

●きんかんどら焼き

どら焼きは小麦粉を卵・砂糖などでねって銅鑼《どら》の形に焼き、その二枚のあいだに餡《あん》を挟んだもの。

このどら焼きは西郷の地卵を使った生地に甘味を抑えたキンカンあんと、アズキあんを挟んだヘルシーなどら焼きである。日持ちは約三日間。

●きんかん大福

シロップ漬けの西郷産完熟キンカンを練りこんだ薄い皮と上品な甘さのあんでやさしく包み込んだ逸品。あんにはアズキと白あんの二種類がある。解凍後三日以内が食べごろ。

●きんかんシロップ漬け

西郷産完熟キンカンにシロップがよく染み込み、キンカンのまろやかな甘さと香りが口いっぱいに広がる。残ったシロップは湯に薄めてのどに優しい飲み物にしたり、凍らせてシャーベット、またはゼリーなどにも利用できる。熱殺菌してあり、日持ちは常温で約一カ月。

③加工品の販売

このほか、マドレーヌや西郷ういろうなど完熟キンカンを使った菓子もある。美郷町内では西郷区田代の「村の果菓子屋」の店頭での直接販売のほか、石峠レイクランド販売所、町外ではＪＡ日向ひむか彩館（日向市）、みやざき物産館（宮崎市）でも取扱っている。インターネットで「村の果菓子屋」を検索しホームページを開けば最新情報が得られる。地方発送もしている。

■キンカン苗木の問合わせ先

○小坂調苗園　〒六四九―六一一二　和歌山県紀の川市桃山町調月八八八
TEL　○七三六―六六―一二二一

○北川農園　〒八三九―一二三四　福岡県久留米市田主丸町豊城一三八二―一〇
TEL　○九四三―七二―〇七七〇

○植進園種苗場　〒八三九―一二〇四　福岡県久留米市田主丸町殖木六二
TEL　○九四三―七二―二二五二

著者略歴

河瀬　憲次（かわせ　けんじ）

1932年宮崎県生まれ。1955年宮崎大学農学部卒業。

農林省九州農業試験場、同園芸試験場久留米支場、農林水産省果樹試験場口之津支場研究室長、同興津支場研究室長、同口之津支場長、大阪府立大学教授、熊本県農業研究センター特別研究員を経て、現在、宮崎県立農業大学校非常勤講師、河瀬技術士事務所代表。

農学博士（京都大学）。園芸学会賞、熊本県農業功労特別賞受賞。

著書『果樹全書カンキツ』（共著）、『果樹台木の特性と利用』（編著）、『デコポン（不知火）をつくりこなす』（編著）、『そだててあそぼうミカンの絵本』（編著）（すべて農文協）ほか多数。

◆新特産シリーズ◆
キンカン
—完熟大玉果の栽培と加工・販売—

2007年3月31日　第1刷発行

著者　河瀬　憲次

発行所　社団法人　農山漁村文化協会
郵便番号　107-8668　東京都港区赤坂7丁目6-1
電話　03(3585)1141(営業)　03(3585)1145(編集)
FAX　03(3589)1387　振替　00120-3-144478
URL http://www.ruralnet.or.jp/

ISBN978-4-540-06214-8　製作／(株)新制作社
〈検印廃止〉　印刷・製本／凸版印刷(株)